Crea tu **Negocio**
Online con un
Producto Digital

Descubre las técnicas y pasos que me hicieron
ganar 5 cifras con un blog.

CESAR PIETRI

Índice

¿Por qué debes leer este libro?

En este libro encontraras de una forma compacta y en un lenguaje sencillo, todo lo necesario para **iniciarte en tu negocio online**, este libro está enfocado en un negocio para la venta de productos digitales (eBooks, Cursos, Coaching, etc.) sin embargo la estructura del sistema que debes implementar en tu negocio para que consigas un crecimiento rápido, sencillo y en muchos casos en piloto automático. Lo puedes utilizar para cualquier tipo de negocio inclusive negocios físicos (Tiendas, industrias, empresas de servicio, etc.) y en todos los casos conseguirás mejorar tus ventas y captación de nuevos clientes.

En todos los Proyectos que he participado he implementado lo que te cuento en este libro, nunca he encontrado a un tipo de negocio que no se beneficien con este sistema.

Así que, seas autónomo, empresario, emprendedor o cualquier tipo de empresa te aseguro que de este libro obtendrás información valiosa para aplicar en tu negocio y mejorar la forma en la que consigues clientes.

¿Para quién es este libro?

Este libro está pensado para particulares que quieran emprender online y apenas estén comenzando, de modo que en la mayoría de los casos estarán solos para emprender y realizar todas las tareas.

Así que en este libro encontraras un mapa de ruta que te sirva de guía, con recomendaciones a herramientas y los pasos a seguir para que al final consigas tener un negocio online que funcione en piloto automático, realizando ventas sin necesidad de intervenir de forma directa y con todas las ventajas que tiene la venta de un producto digital, el cual solo realizas un esfuerzo en crearlo la primera vez pero luego lo puedes vender múltiples veces, generando ganancias recurrentes por el esfuerzo que hiciste al principio para crearlo.

Con este libro aprenderás:

Al finalizar la lectura de este libro tendrás los conocimientos necesarios para tener tu primer negocio online **vendiendo de forma automática productos digitales**, generando ingresos pasivos todos los meses.

Te llevare de la mano por todas las fases, desde donde encontrar ideas para tu producto, pasando por las etapas de un embudo de venta que te permitirá ir filtrando el tráfico que llega a tu web de manera que al final logres tener una lista de personas interesadas en tu producto o servicio e inclusive ya habrán comprado uno de tus productos para probar la Calidad de tu producto o servicio.

De este modo podrás enfocar todos tus esfuerzos en atender solo a las personas que de verdad quieren escucharte, imagina todo el ahorro de tiempo y esfuerzo que consigues con esta técnica y si estas empezando sabrás lo valioso que es tu tiempo ya que tienes que distribuirlo en múltiples tareas, contabilidad, marketing, Soporte técnico, ventas, etc.

Como comenzó todo

Todo comenzó alrededor del año 1999 en aquel entonces me encontraba en mis últimos años de la carrera de informática y comenzaba a realizar algunas páginas web para aprender cómo funcionaba. En aquella época todo lo realizaba en HTML y ni pensaba en la existencia de bases de datos, contenido dinámico, etc...

Al cabo de algunos años alrededor de abril del 2004 comencé a tener nuevas inquietudes sobre nuevas funciones dentro de mi web y comencé un proyecto personal. Era un directorio de empresas relacionadas a la construcción, con ese proyecto puse en práctica mis conocimientos sobre ASP y bases de datos.

Luego de algunos meses comencé a ver un aumento de visitas a la página y entonces sucedió algo inesperado...

Al revisar mi buzón de correo electrónico tenía un mensaje de una empresa ubicada en Colombia, que había encontrado mi sitio web y quería contratar un espacio publicitario.

Ese mensaje marco un punto de inflexión en mi vida, me hizo entender las posibilidades y el alcance a nivel mundial que ofrecía internet.

Desde ese momento supe cuál era el camino que debía tomar...

Seguí formándome en herramientas de diseño web, pero lo más importante es que comencé a buscar información sobre como promocionar y hacer marketing por internet.

En aquella época la información era un poco escasa ya que no existían tantas herramientas ni tutoriales como las que existen hoy en día, sin embargo, hice algunas pruebas optimizando la web y creando mi primera lista de suscriptores.

Desde entonces he sabido lo importante que es para cada negocio una buena estrategia de marketing por internet, ya desde aquel momento tome en cuenta tres factores claves.

- Poder analizar el tráfico que llega a tu web
- Tener contenido de calidad que atraiga visitantes
- Y una forma para poder entrar en contacto con tus visitantes.

Como ya lo comenté en el 2004 no eran muchas las herramientas que existían, sin embargo, logré tener algo tan sencillo como un pequeño código que me contaba las visitas a mi web.

Logre programar un sencillo gestor de contenido para escribir artículos y noticias.

Incluí una casilla para suscribirse a mi boletín electrónico.

Todo esto no era muy sofisticado, pero me ayudo lo suficiente a generar ese primer negocio online.

Hoy todo esto se ha vuelto más complejo y la información que podemos analizar es muchísimo mayor y más al detalle, los gestores de contenido de hoy nos permiten hacer prácticamente todo lo que necesitas dentro de tu web y las herramientas que nos permiten entrar en contacto con nuestros visitantes tienen cientos de funciones y ofrecen toda la información que necesitas para conocer muy de cerca a tu cliente potencial.

Como te habrás dado cuenta ha sido muy largo el camino que he recorrido durante estos últimos años, pero lo mejor de todo es que me han servido para tener el conocimiento necesario para ayudarte a conseguir el éxito en tu negocio.

Y es por este motivo que estoy aquí listo para llevarte de la mano durante todo un proceso que es prácticamente mágico y que te ayudara a conseguir ese nuevo cliente para tu empresa.

Ahora cierra los ojos por tan solo algunos segundos e imagina lo que va a ser tu negocio cuando tengas un sitio web que atrae nuevos visitantes, los convierte en suscriptores con los que puedes entrar en contacto hasta que confían en ti o tu servicio lo suficiente para convertirse en clientes.

Desde ese momento son seguidores fieles que te compran una y otra vez.

Y están tan contentos que te recomiendan y traen nuevos clientes...

¿Te imaginas teniendo siempre nuevos clientes?
Ahora abre los ojos...

¡Y no sigas imaginando, estas a tan solo un paso de convertir ese sueño en realidad!
Toda esta experiencia acumulada a lo largo de los años me ha servido para ofrecer mis conocimientos a clientes de todo el mundo, ya sea para pequeños proyectos, dando formación, asesorando a otros emprendedores o sencillamente ofreciéndole algún producto o servicios. He tenido clientes en países como Australia, Brasil, Chile, España, Estados Unidos, Panamá, México, Suiza y sitios tan remotos para mí como Vietnam.

De seguro se me escapara algún otro, pero de memoria estos son los que recuerdo y lo mejor de todo es que todos estos clientes los he atendido desde la comodidad de mi hogar donde tengo habilitada una pequeña oficina.

También he tenido la oportunidad de colaborar con otros emprendedores y formar en Cámaras de comercio y Escuelas de negocios.

Además de esto escribo una columna sobre marketing digital en un periódico local y he publicado un par de libros sobre el tema.

Introducción

Mi nombre es César Pietri, y este curso lo he dividido en ocho módulos.

La estructura será la siguiente:

En el capítulo número uno vamos a hablar sobre las bases de tu negocio. Aquí vamos a comentar sobre todo lo que necesitas o la estructura que necesitas tener dentro de tu sitio web para que sea un negocio que funcione en piloto automático, es decir, la distribución correcta que necesitarás dentro de esa plataforma para que el visitante vaya viajando a través de las distintas etapas de la venta hasta convertirse en tu cliente ideal.

CURSO - CREAR TU NEGOCIO ONLINE CON UN PRODUCTO DIGITAL

- LAS BASES DE TU NEGOCIO
- IMPLANTACIÓN
- GENERACIÓN DE TRAFICO
- COMO COBRAR A TUS CLIENTES
- SEGUIMIENTO
- TU NEGOCIO EN PILOTO AUTOMATICO
- MAXIMIZADOR DE GANANCIAS
- CREANDO TUS PRODUCTOS

2

En el capítulo número dos, abordaremos el tema de la implantación, esto se refiere a todas las herramientas o toda la plataforma que necesitas como infraestructura para que funcione tu negocio, aquí vamos a hablar sobre los nombres de dominios, sobre el alojamiento, veremos cómo desarrollaremos la instalación de nuestra plataforma para la gestión del contenido y mucho más.

Luego, en el capítulo número tres, que es una parte bastante interesante, vamos a hablar sobre la técnica que he utilizado para generar tráfico a ese sistema, o esa estrategia de marketing *online* con la cual hemos logrado vender nuestros productos digitales.

He logrado vender esos productos digitales que me han generado esos ingresos pasivos. Esas ganancias que seguramente ya tú conoces de otros productos o de otra información que hayas visto anteriormente a este curso.

Entonces en ese capítulo abordaremos exactamente cómo vamos a desarrollar esa estrategia de contenido, cómo vamos a crear ese contenido para que se posicione bien en los motores de búsqueda; para lograr *rankear* en las primeras páginas de resultados, según las palabras claves.

Es un capítulo bastante interesante, ya que entre más volumen de tráfico generemos, y tengamos una estructura dentro de nuestro sitio web, diseñado de una forma correcta; lograremos que esto prácticamente nos va a garantizar el éxito al momento de vender ese producto digital. Pero claro, para poder desarrollar esa venta también debemos saber cómo vamos a cobrarles a nuestros clientes, qué plataforma podemos utilizar que cumpla con nuestros requisitos: que sea una plataforma que le dé seguridad al cliente, que sea una plataforma que nos permita, en cierto modo, automatizar ese proceso para que cuando el cliente compre, reciba de forma inmediata su producto y lo pueda descargar.

Eso lo vamos a ver en el capítulo número cuatro. En el módulo siguiente vamos a hablar sobre todo lo relacionado con el seguimiento. Vamos a hablar sobre las estadísticas, sobre qué debemos hacer para nosotros tener una visual sobre el comportamiento de ese visitante dentro de nuestro sitio web. Aquí vamos a poder ver qué páginas visita el usuario, cuánto tiempo está dentro de nuestro sitio web, cuál es el flujo o el comportamiento que tiene dentro de nuestro sitio web hasta que él se convierte en un cliente.

Luego, en el capítulo número seis, a muchos de ustedes es algo que les interesa, porque va a contener todo lo que necesitas implementar en tu negocio para que funcione en piloto automático una vez que logres realizar todo lo que hablamos en este capítulo.

Vas a tener todo lo que necesitas en ese sitio web, generando tráfico e inclusive vas a poder comunicarte con ese potencial cliente. Aquí vamos a explicarte cómo vas a entregar ese contenido para que el cliente lo reciba, se eduque, se informe sobre tu producto y genere esa venta.

Luego en el capítulo número siete es un módulo que no es necesario para que tu estrategia esté funcionando; sin embargo, es un capítulo que te va a acelerar tu negocio de una forma exponencial por eso este módulo es llamado **"el maximizador de ganancias"**, ya que esto es un multiplicador que nos va a servir para aumentar el volumen de tráfico que va a llegar hacia nuestra oferta, es decir hacia nuestra base del embudo.

Este módulo, vas a lograr que esté maximizador de ganancia te genere y te multiplique el negocio; incluso sin tener que invertir una cantidad de dinero extra, una cantidad de dinero adicional, qué sería lo lógico, si queremos potenciar nuestro negocio, pues debería haber algún tipo de inversión.

En este capítulo te voy a explicar cómo podríamos hacer eso sin tener que hacer algún tipo de inversión, sin tener que hacer algún tipo desembolso.

Por último, en el capítulo número 8 vamos a hablar en detalle sobre cómo vas a crear tu producto digital, según el tipo de producto que vas a necesitar, en qué formato puedes entregar ese material. Vamos a ver aquí ideas sobre cómo puedes hacer para generar ese contenido para crear información siendo experto en un nicho de mercado, que es el nicho de mercado en el que tú decidas entonces.

Bueno es un poco el contenido que vamos a ver a lo largo de estos ocho capítulos.

Vamos a comenzar ahora con el módulo número 1, antes que nada, bueno una vez más darte la bienvenida agradecerte estés hoy aquí, sobre todo felicitarte por haber tomado ya ese primer paso, por haber sido una de las personas que toma acción, ya esto es una de las garantías que eres una persona decidida y que estás interesada en obtener éxito, en llegar a alcanzar el éxito al crear tu producto *online*.

Mi recomendación es que todo lo que vayas aprendiendo en este libro no lo dejes solamente como aprendizaje, sino que lo apliques y lo implemente; que inmediatamente empieces a trabajar en tu negocio y cuando empieces a ver los resultados, la satisfacción va ser bastante grande porque vas a ver que todo lo que estás viendo aquí funciona.

Este curso yo lo he diseñado con mis conocimientos a lo largo de todos estos años pero todo lo que yo te estoy explicando aquí son conocimientos probados, no es solamente una teoría que haya podido estudiar y haya podido aprender, sino que lo que te estoy explicando aquí es el resumen de todas las cosas que a mí me han funcionado, son las técnicas y metodología que actualmente me sigue generando ingresos de forma pasiva así que bienvenido y ya nos vemos en el capítulo número uno.

El mapa de tu negocio

Vamos a comenzar con el capítulo número uno, donde vamos a hablar sobre las bases de tu negocio. El primer tema que vamos a tratar aquí es el mapa de tu negocio. Vamos a ver de forma muy completa toda la estructura que necesitaremos crear con nuestro sitio web para que funcione nuestro negocio *online*, vendiendo un producto digital.

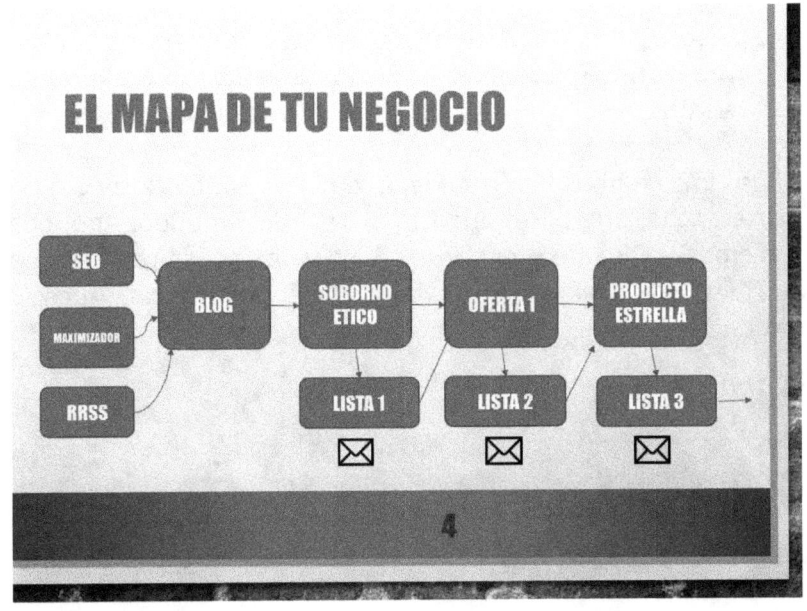

La gráfica que estamos viendo aquí es la estructura que vamos a desarrollar nosotros a lo largo de este curso. Entonces un poco les comentó, principalmente nosotros vamos a pensar todo nuestro negocio *online*, vamos a apoyar la formación de nuestro negocio y va a estar basada en un blog.

Un blog, si bien sabe es una palabra compuesta de web log, lo qué se refiere a una bitácora de contenido o podemos explicar también que sería un símil a un diario. La idea principal de un blog es que aquí vamos a ir generando contenido y ese es un contenido que se va a ir almacenando de forma cronológica dentro de nuestro sitio.

Entonces, la fuente principal nuestra para atraer el tráfico va a ser usando nuestro blog, vamos a generar contenido, un contenido que sea atractivo para los motores de búsqueda y para los usuarios va a ser un contenido que va a estar muy bien optimizado, un contenido que va a estar pensado en esa palabra que utiliza el visitante para encontrarnos.

Esa palabra clave, y a partir de ahí, vamos a comenzar a llevarlo a través de un embudo: un embudo de venta, un embudo de conversión.

Si nos imaginamos la forma de un embudo, vamos a tener una parte ancha, una parte angosta al final del embudo. Aquí nos hacemos la idea de que nuestro blog va a ser esa parte ancha del embudo y al final nos vamos a encontrar con nuestro producto estrella.

Entonces, el blog va a ser ese imán para generar unas cantidades importantes de tráfico y luego, a partir de ahí, siguiendo las siguientes etapas vamos ir filtrando a todo ese tráfico para quedarnos con el visitante de calidad, ya que muchos de los visitantes que llegan a nuestros sitios web consiguen la información que necesitan y se marchan. O llegaron a nuestro sitio web y no tienen intenciones de compra.

Esta estructura o estrategia de marketing *online* lo que busca es eliminar al visitante que no se va a convertir en cliente y dejarnos únicamente a un grupo inferior, pero un grupo con mucho potencial, un grupo que va a ser nuestro cliente ideal, un grupo que va a ser ese cliente que nos va a generar la cantidad de dinero necesario para que funcione nuestro negocio.

Entonces, partimos del blog como la base de nuestro negocio, y luego, nuestra siguiente etapa va a ser lo que denominamos un soborno ético.

Aquí, en esta etapa, lo que queremos ya es generar un pequeño compromiso para separar el visitante curioso, ese visitante que no está dispuesto a ir más allá, y quedarnos con un visitante que se ve interesado en lo que nosotros le estamos ofreciendo, se ve interesado en el nicho de mercado que nosotros estamos tratando o se va a interesar en información que estamos ofreciendo.

Entonces, en la siguiente etapa va a ser crear ese compromiso por eso yo llamo esta etapa un **soborno ético,** porque aquí lo que queremos es ofrecerle al visitante algún producto de valor a cambio de un poco de información.

Es por eso que esa estrategia se basa siempre en productos digitales, ya que nosotros no queremos regalar ningún tipo de producto físico que nos puede generar un gasto y eso lo podemos hacer con la entrega de un producto digital.

Hagámonos la idea de que un producto digital puede ser algo tan sencillo como un documento en PDF donde le aportemos a ese visitante información de valor, digamos un reporte, un pequeño libro electrónico, una pequeña guía.

Aquí lo que queremos es sencillamente separar el visitante curioso del visitante que va a estar interesado en nuestra información. Aquí vamos a ofrecerle esa guía y, a cambio, vamos a pedirle algo tan sencillo como su correo electrónico y su nombre, ¿cuál va a ser el fin de nosotros al pedirles ese correo electrónico, ese nombre? debajo de la etapa de soborno ético vamos a comenzar con la lista de suscriptores, eso va hacer una lista que va a contener los correos electrónicos que nos han entregado los visitantes que quisieron descargar, ese soborno ético, y a cambio de ese producto, el visitante nos está dando permiso para nosotros seguir contactándolo y seguir enviando la información de valor.

Aquí es donde vamos a comenzar a generar ese proceso de venta.

Muchos de los visitantes que llegan a tu blog no te conocen, no saben qué tú eres un experto en el sector, en la materia, en el nicho de mercado; y una vez que se marchan, no tienes oportunidad de volver a entrar en contacto con ese visitante.

Ya sabemos que hoy en día, el usuario es un usuario que obtiene la información de forma muy rápida y con tantas alternativas informativas que hay a través de la web, el visitante llegó se marchó, y ya luego para que vuelva es demasiado complicado, ya sea porque consiguió otro sitio web o porque no recuerda que en nuestro sitio web buscó la información que necesitaba.

Nosotros tenemos que de alguna forma capturar a ese visitante. Eso lo estamos haciendo a través de ese soborno ético porque él está dentro de nuestra base de datos, y con el permiso que él me autorizó para seguirlo contactando, yo voy a poder seguir enviándole mensajes, enviarle más información sobre el nicho en el que está interesado.

Voy a poder comenzar a precalentar ese suscriptor, ese prospecto, para que él vea que nosotros podemos ser su alternativa en el momento que él esté dispuesto a comprar.

Entonces, en esa primera etapa, nuestra única finalidad o nuestro único objetivo es sencillamente separar el curioso del prospecto que está interesado en nosotros o en nuestros servicios, o sea, quitamos al visitante que no nos va a generar utilidad en el futuro y nos vamos a quedar con el grupo inferior.

Evidentemente, un buen porcentaje de aquí se va a marchar y no va a regresar, pero nos vamos a quedar un grupo inferior de personas interesadas.

¿Cuál es otra la ventaja de hacer este proceso? Es que, si nosotros estamos haciendo un esfuerzo en generar ese tráfico, a través de fuentes distintas de tráficos como ya veremos más adelante, vamos a garantizar que ese esfuerzo que estamos haciendo para generar ese tráfico nos permitan la posibilidad de seguir en contacto con el prospecto.

Ya no lo vamos a llamar visitante, sino que, partir de ahora, lo vamos a llamar prospecto o lo vamos a llamar a suscriptor, ya que él se ha suscrito a nuestra base de datos para recibir más información.

Entonces, una vez que él pasa a formar parte de esa lista número uno, a partir de aquí nosotros vamos a empezar a enviarle información de valor, vamos enviarle noticias, vamos enviarle artículos, vamos a notificarle si nosotros tenemos una nueva publicación dentro de nuestro sitio web, pues a través de ese correo electrónico nosotros lo podemos notificar de información fresca para, al mismo tiempo, vamos a ir preparando para que realice su primera compra.

Aquí vamos a intentar calentar a ese prospecto para que se convierta en cliente. Nuevamente vamos a filtrar esa base de datos de prospectos y nos vamos a quedar con una base de datos inferior en cantidad, pero superior en calidad porque esta va a ser una nueva base de datos que vamos a generar con gente que ya está dispuesta a comprar nuestro producto.

Entonces, ahí es donde vamos a trabajar con esa oferta número uno para crear la lista número 2, como lo puedes ver en el diagrama.

En esta etapa queremos separar al prospecto del cliente, nosotros lo que queremos es sencillamente eliminarle el miedo a ese prospecto y que decida comprar nuestro producto: "compre nuestro producto, ya que nosotros somos un negocio serio que le estamos ofreciendo información de valor, que somos un servicio de calidad que le vamos a dar un buen soporte técnico, un buen soporte al cliente ,vamos a hacer que la experiencia de ese prospecto, o sea como que le lleváramos en una alfombra roja, que esto va a ser una experiencia que para él tiene que ser muy gratificante y que la inversión en esta oferta número uno sea muy pero muy pequeña.

Aquí tenemos que ofrecer un producto de muy bajo precio pero que a él le aporte muchísimo valor. ¿Qué logramos con esto? Pues, evidentemente, ese prospecto que comienza a creer en nosotros y decide realizar esa compra, una vez que va a recibir el producto se va a dar cuenta de lo que está recibiendo multiplica por mucho la inversión que él hizo.

Entonces, estamos rompiendo esa barrera, estamos aumentando la confianza y vamos al mismo tiempo a crear esa base de datos de nuestros clientes.

Partimos desde un principio que genera más visitantes en nuestro blog, luego de esos visitantes, nos vamos a quedar con un pequeño grupo. Recordemos que en esa etapa vamos a generar un pequeño compromiso con ese soborno ético para construir nuestra primera lista de correos, nuestra primera lista de prospectos.

En la siguiente etapa, vamos a ofrecer esa primera oferta, la oferta número uno, sencillamente para generar la confianza necesaria en ese prospecto y que, a partir de ahora, se convierta en cliente y esté dispuesto a seguir comprando nuestros productos o servicios, a seguir gastando dinero dentro de nuestro negocio.

Es por eso que yo hago hincapié en que la experiencia de usuario en esta oferta número uno tiene que ser una experiencia de muchísima calidad, una experiencia que por eso yo le llamo **una experiencia de alfombra roja**, que lo trates como un cliente muy especial; y una vez aquí, pues ya vamos a tener esa lista número dos, que va a ser una lista inferior en cantidad a la número uno, pero como ya lo comenté, va a hacer una lista de mayor calidad.

Una vez que tenemos esa lista, vamos a entrar nuevamente en contacto a través del correo electrónico y lo vamos a seguir informando, lo vamos a seguir educando, y en esta etapa es la comunicación con el cliente la que vamos a llevar adicionalmente a modo informativo como lo hacíamos en la lista número uno, pero también vamos a comenzar a educarlo sobre el problema que resuelve nuestro producto.

Aquí podemos comenzar a hablarle sobre casos de éxito o lo que han conseguido otros clientes comprando nuestro producto o servicio.

Entonces, la idea principal de esta lista de la comunicación número dos es, nuevamente, precalentar, pero en vez de ser un prospecto estamos precalentando a un cliente.

Así que la siguiente venta se va a desarrollar de una manera mucho más sencilla, y la siguiente venta, en realidad es en la que nosotros vamos a generar la ganancia.

En la oferta número uno no estamos desarrollando un producto para hacer negocio, esta es una oferta para comenzar a generar dinero; si bien es cierto vamos a generar una utilidad, pero como estamos ofreciendo en la oferta un producto de poco valor. No va a ser esa nuestro fin primordial como negocio, sino que nuestra mayor ganancia la vamos a generar en esa siguiente etapa, en ese producto estrella.

Entonces, a esa lista número dos, nuestra idea es llevar al cliente a ese siguiente paso, a ese siguiente compromiso y que compre nuestro producto principal.

Evidentemente, la lista número dos, cuando pase a ser cliente de nuestro producto estrella, va a ser un porcentaje menor del número de clientes con los que arrancamos en la lista número dos.

Los pasos: nuevamente arrancamos con un blog para generar tráfico, es el primer compromiso con el soborno ético, quedándonos con la lista de personas interesadas en nuestro sector; le ofrecimos o lo llevamos a esa primera oferta, generando confianza, logrando que él se convirtiera en cliente y, en esta etapa, vamos entonces a ofrecerle nuestro producto estrella.

El embudo

Vamos a continuar en el capítulo uno, y ahora, vamos a hablar un poco sobre "el embudo". El embudo de ventas. Si recordamos en el mapa de tu negocio les mostré cómo iba a ser el funcionamiento de nuestra estrategia *online* para vender nuestro producto digital.

Esa estrategia está basada en lo que se conoce como un embudo de ventas. Entonces, si miramos un poco la definición del embudo de venta es una metáfora utilizada en la administración de empresas para referirse a la fase de venta.

Es el proceso por el cual las oportunidades potenciales de venta son cualificadas y seleccionadas para convertirlas en oportunidades reales, que terminan en fracciones reales, y esto lo llevamos hacia nuestro negocio. Vamos a hacernos una idea de que toda nuestra estructura, todo nuestro tejido es la forma de un embudo.

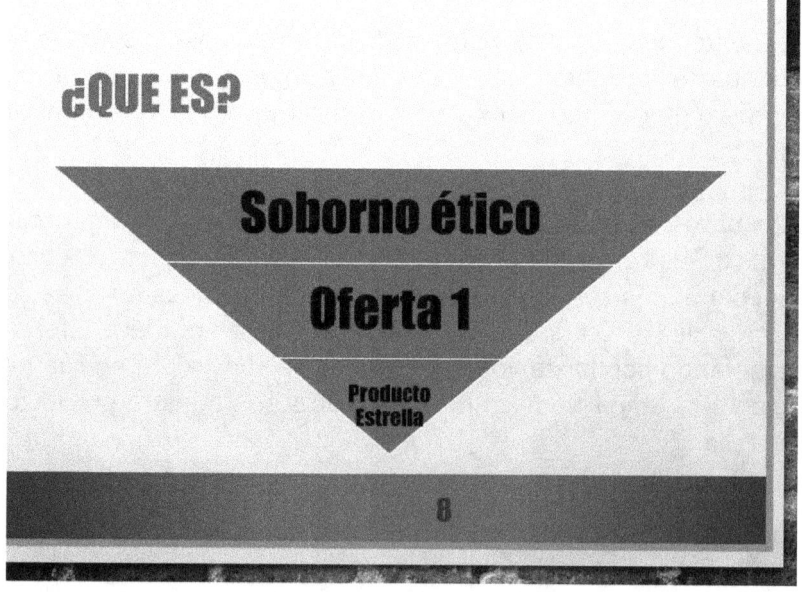

Vamos a tener una parte ancha del embudo y al final del embudo nos vamos a encontrar una parte más angosta.

Como comenté en el mapa de nuestro negocio nosotros vamos a fundamentar todo nuestro negocio *online* en una plataforma de blog, una plataforma para la creación de contenido.

Entonces, vamos a tomar como que esa plataforma la vamos a tener en la parte ancha del embudo, ya que a través de esa plataforma es que vamos a recibir todo el tráfico que llegue hacia nuestro sitio web.

También recordamos que vamos a tener múltiples fuentes de tráfico y la fuente principal va ser la que conocemos como marketing de contenido. Entonces, en la parte ancha del embudo vamos a tener esa plataforma de contenido y vamos a comenzar a ofrecer en nuestra primera etapa el soborno ético, con la finalidad de como ya lo hemos dicho anteriormente, separar el visitante del curioso y quedarnos con ese prospecto que está interesado en que nosotros sigamos estando en contacto con él y continuemos enviando la información.

A partir de ese soborno ético, vemos que comienza a hacerse más angosto el embudo, ya que la diferencia de la cantidad de visitas que teníamos en esta etapa en la base del embudo comienza a reducirse; y nos vamos quedando con grupo de menor cantidad, pero de mayor calidad.

En la siguiente etapa del embudo trabajaríamos con lo que ya comentábamos nuestra primera oferta es oferta número uno dónde vamos a partir con la cantidad de prospectos que teníamos en la etapa anterior y nos vamos a quedar con un número inferior, pero que es un número que está aún más comprometido con nuestro negocio.

Un grupo de personas que confió lo suficiente en nosotros, generamos la suficiente confianza como para que esa persona se convierta en un cliente, y a partir de ahí, en esa última etapa del embudo es donde vamos a quedarnos con un grupo mucho más pequeño, un grupo inferior, pero ese es el grupo que ha querido nuestro producto.

Este es el grupo que nos está generando la utilidad de nuestro negocio entonces recordemos partimos de una parte ancha y finalizamos con una parte angosta un grupo inferior, porque vamos a utilizar el blog en este principio del embudo, porque este blog nos va a permitir constantemente estar atrayendo nuevos visitantes y llenando siempre la base del embudo.

De todos modos, para llenar esta base podemos utilizar múltiples estrategias para generar ese tráfico en el mapa mental documental, que también teníamos las redes sociales.

Si se dan cuenta, si miran el mapa de nuestro negocio, yo coloco también al principio como fuente de atracción de tráfico las redes sociales. Pueden utilizar cualquier tipo de estrategias y ustedes dominan más de una, pues cualquier estrategia que puedan utilizar para generar ese tráfico, siempre que sea un tráfico de calidad, la vamos a poder implementar dentro de nuestro negocio.

Para este curso estoy utilizando únicamente lo que es el marketing de contenido, la creación de contenido para atraer el tráfico. Como les comenté al principio este curso está basado en mi experiencia, en lo que yo he probado y sé que funciona, porque me ha funcionado a mí. Entonces esto es todo por esta parte del capítulo, donde hablamos sobre lo que era el embudo de venta. Nos vamos a quedar con que tenemos una base ancha donde vamos a generar el tráfico y nos vamos a estar pasando por las distintas etapas, para al final quedarnos con nuestro cliente ideal.

Tipos de productos

Continuando con el capítulo número uno, vamos hablar sobre los distintos tipos de productos que necesitas. Ya conocemos que dentro de nuestro embudo de nuestra estrategia para vender nuestro producto vamos a necesitar algunos productos digitales en cada una de estas etapas.

Recordemos que teníamos la primera etapa dónde vamos a ofrecer lo que conocemos como un **soborno ético**. Y en esta parte del embudo vamos a ofrecer un producto de valor, vamos a ofrecer algún tipo de información para lograr que ese visitante se convierta en prospecto, y luego se convierta en nuestro suscriptor. En esta etapa vamos a ofrecerle algún producto que sea de fácil creación y por eso siempre vamos a intentar hacer todo nuestro esfuerzo creando productos digitales.

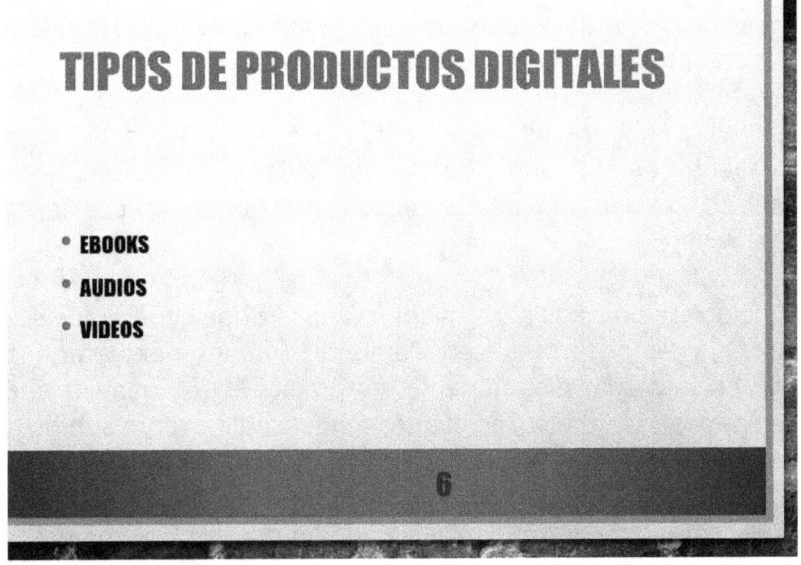

TIPOS DE PRODUCTOS DIGITALES

* EBOOKS
* AUDIOS
* VIDEOS

6

Recordemos, los productos digitales no nos van a causar ningún tipo de gasto adicional, no vamos a tener ningún tipo de costes de envío, de almacenaje o empaque al momento de despachar; entonces por eso los productos digitales siempre van a ser nuestra mejor opción para que sea lo más rentable posible en nuestro negocio *online*.

Entonces, dentro de los productos digitales, los hemos dividido en tres grandes grupos: el primer grupo es todo aquel dónde vamos a utilizar texto para crear ese contenido, va a ser el grupo de *e-books*.

¿Qué son los libros electrónicos?

Esto va a ser algo tan sencillo como un archivo de texto que lo convirtamos en PDF, para eso las herramientas que vamos a necesitar son herramientas bastante sencillas.

Vamos a poder utilizar el editor de texto *Word*, que se encuentra en el paquete de *Microsoft Office,* también podemos utilizar otra alternativa de código abierto que se conoce como *Open Office.*

Cualquiera de estas herramientas, una vez que generemos ese texto, le demos formato sencillamente lo vamos a exportar o lo vamos a guardar directamente en formato PDF; y una vez que tengamos ese archivo, es el que vamos a utilizar para subirlo a nuestra web y que el nuevo suscriptor va a tener la posibilidad de descargar. Va a tener su enlace para descargar ese libro electrónico, una vez que haya dejado en nuestra base de datos su nombre y su correo electrónico.

También recordemos que en las siguientes etapas vamos a tener una primera oferta de mucho valor, pero de un precio muy económico, o la cual vamos a intentar convertir en ese nuevo prospecto.

Esa no es la base de datos con los visitantes a los que les propusimos ese soborno ético. Vamos a tener un grupo y ese grupo vamos a intentar venderle nuestra primera oferta. ¿Qué es la oferta número uno? Si recuerdas en el mapa de negocio vimos que había una etapa en la cual le ofrecíamos o mostrábamos esa oferta número uno, que va a ser una oferta de muy poco valor y de mucha calidad.

En esta etapa también podríamos ofrecer algún tipo de libro electrónico o de *e-book*, evidentemente, intentaremos que en esta etapa sea un contenido mucho más extenso. De igual modo vamos a aportar muchísimo más valor, incluso podríamos crear una especie de *pack* de grupo de productos.

Entonces, aquí viene el segundo tipo de productos:

Es el audio. ¿Por qué yo digo que en esta etapa podemos utilizar el audio? Porque podríamos aprovechar el contenido que hagamos, la idea de que hagamos un libro electrónico mucho más completo del que repartimos en la primera etapa y, adicionalmente a eso, podemos ofrecer una versión en audio del mismo.

Entonces, estamos aprovechando el contenido que ya hemos creado, pero sencillamente lo vamos a entregar en dos formatos diferentes. Lo vamos a entregar en ese formato descargable para las personas que le guste más la lectura y también podríamos generar una versión en audio para que las personas que se sientan más cómodas escuchando que leyendo.

Para generar un audio también están las herramientas que son bastante sencillas. Hoy en día podemos utilizar incluso hasta nuestro teléfono móvil, ya que se disponen de muchísimas aplicaciones que nos sirven para grabar audio y la calidad es bastante buena o, en su defecto, podríamos utilizar nuestro ordenador. Algún tipo de micrófono o inclusive si tenemos una cámara *web* de alguna calidad, suelen tener un micrófono que ayuda a filtrar el sonido de fondo y mejorar la calidad de sonido.

Con esta sencilla herramienta vamos a generar ese archivo de audio.

Una vez que finalice la grabación, el archivo que quede grabado ya es directamente un formato MP3 o un equivalente, que es bastante común para las personas que los descargan a través de la web.

Evidentemente, de estos tipos de productos digitales tú eres la persona que va a decidir con cuál te sientes más a gusto al momento de crearlo, cuál se te hace más fácil y más rápido para ti. Yo solamente te estoy dando la idea de cuál puedes utilizar en cada etapa.

Sin embargo, tú eres quien toma la decisión. Del mismo modo, recordemos que, en el mapa de nuestro negocio, una vez que esa persona dejó de ser prospecto y pasó a ser nuestro cliente, vamos a comenzar a educarlo otra vez en nuestra base de datos, en nuestra segunda lista de correo electrónico y vamos a comenzar a educarlo.

Vamos a comenzar a darle mucha información y también vamos a comenzar a prepararlo para siguiente venta, para que nos compre el siguiente producto y ese va a ser nuestro producto estrella.

Ese va a ser el producto con el cual vamos a generar la utilidad, la ganancia que queremos para nuestro negocio y es por eso que vamos a intentar o vamos a necesitar ofrecerle a ese cliente un producto nuevamente, al cual vamos a subirle la calidad, la cantidad también.

Entonces, la primera idea que a mí se me ocurre es el uso de videos. Ya aquí podríamos generar un curso, podríamos generar un video tutorial, podríamos crear un producto basado en un seminario web, en un *webinar*.

Siempre entregándolos en este formato de video, pues el medio evidentemente da una sensación de mayor valor a diferencia de lo que podría ser un audio o de lo que podría ser un libro electrónico en formato PDF.

Entonces, la percepción del valor por parte del cliente al momento de ofrecerle un producto en video va a ser mayor, con lo cual nuestro precio en esta etapa vamos a poder incrementarlo, ya que estamos ofreciendo un mayor valor por el producto que estamos entregando.

Entonces, las ideas para esta etapa para la venta de producto estrella sería esa: vamos a crear productos en formato de video, y si no nos sentimos cómodos frente a una cámara, podríamos utilizar nuestra cámara web y directamente hablándole a la cámara dando la información, o también podríamos utilizar otra alternativa que, en este caso especial, estoy utilizando yo para grabar este entrenamiento, que es grabando haciendo una presentación.

De este modo no estoy grabando directamente hablándole a la cámara, sino dándole información. También podríamos utilizar otra alternativa, en este caso es la que estoy utilizando yo para grabar el entrenamiento desde el que sale este libro, este método es grabarnos haciendo una presentación de en el ordenador por ejemplo de este curso.

No estoy grabando directamente mi cara, estoy hablándole a la cámara. Sin embargo, ustedes están viendo directamente en el video la presentación que estoy haciendo yo en mi ordenador. Adicional a esto, otra alternativa más para crear tus videos tutoriales puede ser el uso de *software* de programa que graban lo que estás haciendo.

Pongamos el ejemplo, cuando se dice "estoy dando una inducción sobre una herramienta" y comienzo a mover el ratón comienzo hacer clic en algún botón, ustedes están viendo exactamente los pasos que yo estoy haciendo.

Entonces, tendríamos estas tres alternativas. Podríamos crear un *webinario,* un seminario *online* o podríamos crear ese video hablando nosotros a la cámara, o podríamos grabar las presentaciones o nuestro ordenador en nuestra grabación, en nuestra pantalla.

Esas serían las alternativas para generar el producto en video, y pensando siempre en aportar muchísimo valor al cliente.

Recordemos que, para nosotros hacer un producto digital, lo que nos va a costar es la creación del producto la primera vez.

Los productos digitales se crean una vez y se entregan múltiples veces, o sea, el costo por creación de productos la verdad que es bastante bajo y la rentabilidad que podemos obtener del mismo es muy alta, porque no estamos teniendo prácticamente costos en producción, a diferencia de lo que podría ser un producto tangible, un producto físico al cual tendríamos que tener un espacio físico para almacenarlo, tendríamos que llevar un *stock*, un inventario de esos productos, los costos por almacenaje, los costos por el envío, la infraestructura para empaquetarlo y enviarlo, hacerle seguimiento, etc.

Así que la mejor de las opciones que tenemos para nuestro negocio *online* siempre va a ser la utilización del curso y entrega de productos digitales. Ahora nos vemos en la siguiente etapa continuando con el capítulo 1.

Buscando tu nicho "Rentable"

Ya llegamos a la parte final del primer capítulo. En esta primera parte queríamos comentar sobre el nicho de mercado.

Algunas ideas para que puedas buscar y darles algunas ideas con un poco de definición sobre lo que es el nicho de mercado.

Estoy bastante seguro que ya muchos de ustedes lo sepan. Voy a definir como nicho de mercado a un pequeño grupo de personas que tienen una necesidad en común y que, a su vez, este grupo está buscando una solución para esta necesidad.

Desde mi experiencia, mi recomendación es enfocarnos siempre en nuestro negocio *online* en un nicho de mercado.

No vamos a trabajar mercados muy genéricos, ya que allí nuestra competencia va a ser mucho mayor, va a ser mucho más difícil posicionarnos como expertos del sector; y al enfocarnos en un nicho de mercado vamos a podernos enfocar en el nicho de gente interesada y más abierta a comprar nuestro producto.

Entonces, vamos a tomar como concepto que un nicho de mercado es un grupo de personas que tienen una necesidad en común.

A partir de ahí, nosotros vamos a intentar ofrecerle la solución a esa necesidad, o sea, a nivel *online*. Muchas veces cuando estamos comenzando con nuestro primer producto se nos va a ser un poquito difícil encontrar o saber cuál es ese nicho de mercado al cual podemos nosotros atacar, al cual podemos utilizar para generar ese producto digital.

Lo siguiente que quiero darles, es un par de ideas sobre sitios a los que podemos visitar para poder obtener un poco más de visión sobre cuáles son los productos que podemos crear. Entonces los sitios que yo les voy a recomendar van a hacer estos tres: *Amazon*, *Clickbank* y, por último, también podemos utilizar *eBay*.

Pues ya muchos de ustedes conocerán *Amazon*. *Amazon* es esa gran plataforma de venta de libros a través de internet que hoy en día no solamente vende libro, sino que la gama de productos es muchísimo más alta.

Aunque *Amazon* es muy extenso en contenido puedes obtener información sobre nichos de mercados muy específicos, ya que el modelo de negocios le permite a ellos tener una gran cantidad de títulos, pues podríamos ir navegando a través de esas categorías, a través de esas subcategorías, a ir tomando ideas sobre nichos de mercados específicos donde la temática sea una temática en específico, sobre un sector en particular, pues por eso que yo digo que *Amazon* nos va a poder servir como idea para buscar una luz o una inspiración sobre nuestro producto.

Aquí, dentro de *Amazon*, también podríamos visitar los más vendidos para poder saber cuál es el sector que se está moviendo más en este momento.

Para ver la parte de los vídeos más vendidos, y en cada una de las categorías, podemos ir a los *tops seller* de esas categorías.

La otra plataforma que me gusta muchísimo, ya que se dedica a ofrecer directamente productos digitales es *ClickBank*.

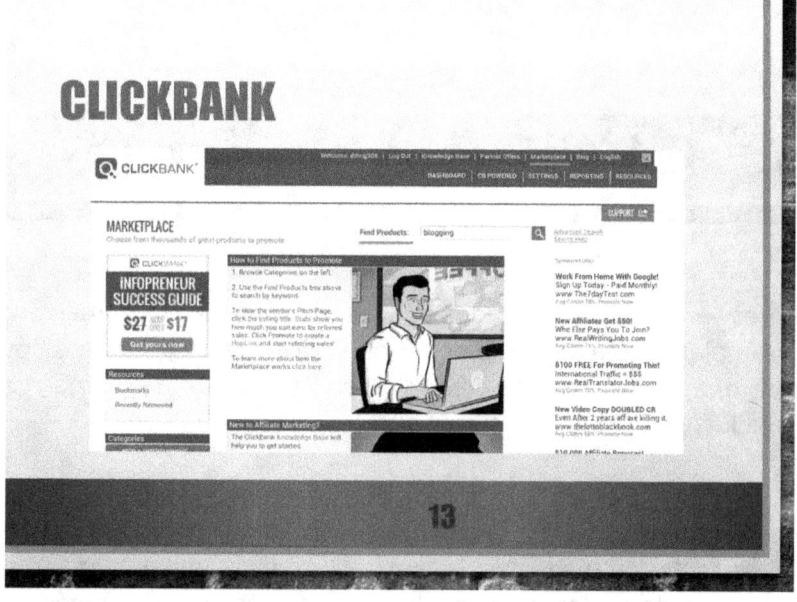

ClickBank es un *Marketplace* donde los creadores pueden publicar ahí sus productos para que unos afiliados se encarguen de promoverlos a cambio de una comisión.

De hecho, si tú quieres ir un poquito más allá podrías utilizar esta plataforma para conseguir un mayor alcance, una mayor promoción. Sin embargo, en mi caso, yo me encargué de gestionar directamente el pago a través de *PayPal*, como vamos a ver más adelante, de las pasarelas de pagos que podemos utilizar, pero *ClickBank* es una buena idea que te recomiendo.

Hoy en día la plataforma está en español también, por lo que no tendrías ningún inconveniente si no dominas el inglés. Entonces aquí lo importante es que dentro de *ClickBank* ellos disponen de un mercado que se accede a través de la plataforma en inglés es el *Marketplace*, y a través de ahí, vas a poder buscar por categorías los productos digitales que se están ofreciendo.

Entonces eso también te va a poder servir para darte una idea sobre qué nichos de mercado puedes atacar, cuál es el nicho de mercado que está en mayor auge, inclusive aquí dentro de *ClickBank* ellos utilizan un baremo, una característica de medición qué le llamamos el *gravity* o la gravedad.

Eso se refiere a la cantidad de personas que están generando venta, ofreciendo un producto. Entonces, cuando tú visitas un producto, tú puedes ver cuál es el *gravity* de ese producto y te va a servir como referencia para saber si este producto de verdad se está vendiendo en el mercado *online*.

Por último, la otra plataforma que les quiero comentar es sencillamente *eBay*.

¿Qué es esa plataforma de venta *online*? si bien es cierto que la gran mayoría de su mercado es de productos tangibles, de hecho, si no recuerdo mal *eBay* en España no te permite vender productos digitales; sin embargo, podríamos navegar a lo largo de todo el *Marketplace*, de todo el catálogo de productos de eBay para saber cuáles son los productos que se están vendiendo más, eso nos daría una idea sobre qué nicho de mercado podríamos atacar.

Entonces, esta sería la última parte del capítulo uno y ya nos vemos en el siguiente. En el capítulo número dos hablaremos sobre la implantación, las herramientas necesarias y la infraestructura necesaria para comenzar a tener nuestro negocio *online* funcionando.

Dominios que enganchen

Daremos inicio al capítulo número dos, donde hablaremos sobre la implantación de toda nuestra estructura, toda nuestra estrategia para comenzar nuestro negocio online vendiendo productos digitales.

En este capítulo vamos a hablar principalmente de lo que es un dominio, el significado del alojamiento y por último lo que va a ser el *blog*, esa plataforma que nos permitirá a nosotros generar todo el contenido que va a atraer los visitantes hacia nuestro sitio web.

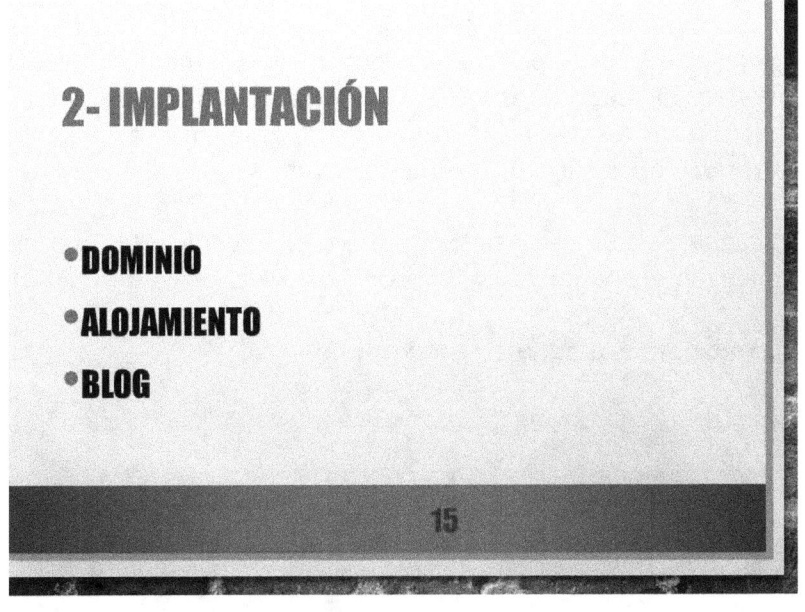

A groso modo, definimos que el domino será la dirección por la cual nos encontraran las personas que nos estén buscando directamente a través de la *url*. En este caso el dominio puede ser .*com* o puede estar localizado por países, dependiendo del país en el que tú te encuentres.

En el caso mío que me encuentro en España, la terminación va a ser *.es*. Entonces definimos que el dominio va a ser ese nombre, esa dirección por la cual nos van a poder encontrar, y no es otra cosa más que el nombre de tu negocio *.com, .es* o la terminación de tu país.

También hay otras terminaciones que son bastante comunes como pueden ser *.net* que se refiere a redes, *.info* para sitios informativos *.org* para organismos. Sin embargo, lo que más suele recordar la gente y lo que yo suelo recomendar es que solamente trabajen con los dominios *.com*.

En los dominios que se refieren a comercios a temas comerciales, principalmente porque al momento que la persona, el visitante recuerde el nombre de tu sitio web la gran mayoría de los casos lo que primero que intenta la gente introducir en la barra es la dirección *.com*.

Así, que es por este motivo que yo te recomiendo intentar conseguir el dominio en su versión *.com*.

¿Cómo vamos a adquirir un dominio?

Independientemente al país en el que te encuentres hay distintas ofertas en las cuales tu puedes adquirir tu nombre de dominio. Yo en mis proyectos, en los casos en los que trabajo para mis clientes, suelo recomendar la compra de dominio en una empresa que se llama *GoDaddy.com* y si lo buscamos podemos ver que se encuentra entre los primeros resultados. Entrando a la página; compramos el dominio, podemos ver los precios, un *.com* esta alrededor de los 12 euros y la extensión *.es* tienen una opción de 1 euro el primer año. Para realizar la búsqueda introducimos el nombre de nuestro negocio, el nombre que queremos utilizar como la dirección de nuestra página web y la propia plataforma nos va a permitir ver si ese dominio está disponible para realizar su compra o en su defecto esa empresa nos ofrece nombres alternativos.

Si, por ejemplo, queremos un dominio relacionado con la pérdida de peso; le ponemos un nombre y buscar dominio, el buscara en la base de datos de dominios, verificara los resultados y nos mostrara si el domino está disponible o si ya alguien ha adquirido ese nombre de dominio.

Puede suceder además que por la importancia de un determinado nombre de dominio que adquiere mucho valor, la empresa se puede reservar el precio de venta de dicho dominio. Siempre vamos a tener alternativas que la empresa nos ofrece y podemos verificar si el nombre que queremos para nuestro negocio está disponible. Yo recomiendo *GoDaddy*, pero en cada uno de sus países tendrán opciones. Sencillamente al ir a Google y buscar comprar dominio, ellos directamente nos van a hacer una recomendación basada en el sitio en el que nos encontremos.

En España hay muchas empresas, tenemos *Arsys.es*, *1&1.es*, *GoDaddy*, *Piensasolutions* y yo también suelo trabajar aquí con una empresa que se llama *Interdominios*, con ellos tengo algún servidor compartido con alojamientos y el procedimiento va a ser siempre el mismo.

Llegamos a la página, accedemos a la caja de búsqueda para ver si el nombre del dominio que queremos está disponible y nos dirá si está ocupado o las alternativas de disponibilidad donde verificamos si algunas de las terminaciones de dominio se adaptarían a nuestras necesidades y en función de *SEO*, comenzaríamos el proceso para realizar la compra, comenzamos a llenar la información, los datos de contacto, facturación, datos técnicos y a partir de ahí realizamos el pago y accederíamos a nuestra extranet de clientes iniciando sesión .

Esto sería todo lo relacionado con el capítulo 2 sobre dominios y en el próximo tema hablaremos sobre alojamiento.

Alojando a tu negocio

Continuando con el capítulo número dos, vamos a seguir ahora con lo relacionado al alojamiento. El alojamiento, conocido también como *hosting*, es el espacio físico dentro de un servidor en un *Data Center*, que nos va a permitir almacenar archivos y producir bases de datos que pertenezcan a nuestro sitio web.

El alojamiento es ese espacio dentro de un servidor que nos va a permitir almacenar los archivos de nuestro sitio web.

Para conseguir o para contratar un alojamiento seguiremos un poco con el mismo procedimiento que hicimos anteriormente para un dominio: vamos a buscar empresas que nos permitan contratar un alojamiento como tal. Aquí la oferta es también bastante amplia, va a depender del país en el que nos encontremos.

En la parte anterior del capítulo número dos, cuando hablamos de dominio, yo les comenté de esta empresa que se llama *Interdominios*, aquí podrías adquirir también este servicio de alojamiento, lo mismo que con la empresa de *GoDaddy*, ellos también ofrecen un servicio de *hosting*, servicio de alojamiento y aquí podríamos ver también las ofertas que ellos ofrecen en *Interdominios*. El caso es el mismo, podríamos ir a la parte de alojamiento y ver directamente dos tipos de opciones de *hosting*: tenemos un hosting basado en el sistema *Windows,* es un *hosting* ilimitado; y tendríamos también un *hosting* basado en el sistema *Linux*, los dos son alojamientos sin límites.

La verdad que yo este sistema lo he utilizado durante algunos años, y de momento, estoy contento con esta empresa, me parece que el precio que ofrecen es muy competitivo y el servicio es de muy buena calidad.

Sin embargo, les comentaba que son tantas las ofertas que existen hoy en día, que es cuestión de que compares un poco todos los servicios entre una compañía y otra y veas cuál es que más se adapta a tus necesidades.

En este caso podríamos ver que el plan ilimitado de *hosting web Linux* tiene un precio a partir de los 5.75 euros al mes, este precio me parece que lo consigues si contratas pagando el servicio el año entero; si no, si lo vas a pagar mes a mes es un poco más costoso.

Aquí, lo que me interesa o que me gustaría que ustedes se quedaran con la información que cuando están buscando un plan de *hosting* vean que va con este tipo de plataforma preinstalada; en este caso *Interdominios* les llama *Clic & Go*, y sencillamente lo que te permite es instalar aplicaciones de forma prácticamente automática dentro de tu servicio de alojamiento.

Aplicaciones CLICK & GO! incluidas

Aplicaciones para instalarlas con un click en tu hosting web, así de fácil y sencillo.

¿Por qué quiero que ustedes tomen en cuenta estas características?

Recuerden que nosotros vamos a utilizar como plataforma para la generación contenido y atracción de visitas un blog, y ese blog lo vamos a instalar utilizando la plataforma de código abierto conocida como *Wordpress*.

El procedimiento de instalación lo vamos ver un poco más adelante, pero necesitaríamos crear base de datos, conectarnos a través de un FTP para subir archivos, tendríamos que hacer algunos pasos antes de poder realizar la instalación. Sin embargo, si contratamos un servicio de alojamiento que nos ofrezca una alternativa como esta, la instalación de la aplicación es mucho más sencilla, ya que prácticamente lo vamos a hacer en par de minutos rellenando o completando algunos formularios con información.

Entonces, es interesante -cuando decidas contratar un alojamiento- tomes en cuenta este tipo de plataformas que permiten la instalación de aplicaciones de forma prácticamente automática o de formar bastante sencilla.

¿Qué otro tipo de información podemos tomar en cuenta?

Por ejemplo, en este caso, el plan de *hosting* sin límites es una versión que ellos te ofrecen, con la cual vas a poder no solamente hospedar tu sitio web, sino que, al tener acceso ilimitado, vas a poder alojar, hospedar, todos los dominios y páginas web que creas necesario.

No vas a tener ningún tipo de límites en cuanto a cantidad, números de ancho de bandas, de espacio en disco duro, cantidad de cuentas de correo electrónico.

Entonces, la verdad que hoy en día, comparado con lo que existía hace siete u ocho años, los precios han mejorado muchísimo, las características cada vez son superiores, la capacidad de almacenamiento es cada vez mayor, y para muestra un botón, como dicen.

Aquí nos podemos dar cuenta qué nos están ofreciendo, el espacio web, la transferencia mensual, la cantidad de dominio, las cuentas de correo, todo esto va a hacer ilimitado por un precio tan accesible como puede ser el de 5.75 euros al mes.

Eso es en este caso, con esta empresa y también existen otras compañías que ofrecen el servicio de alojamiento. Lo mismo pasaría si vamos a cualquiera de estas empresas como comenté antes *Arsys*, *1 and 1*, *Piensa Solution*, todos tienen servicios de alojamiento y dominio, y la verdad que a precios bien competitivos. En español también está una compañía que se llama *Hostalia*, yo normalmente suelo alojar en *Interdominios*.

También me gusta trabajar con una empresa que se llama *Hostgator*, una empresa americana con los *data center* en Dallas, Texas. Es una empresa que tiene muchísimo tiempo en el mercado y que los precios también son muy competitivos.

Aquí, lo que tienes que tomar en cuenta es que todo lo relacionado a soporte técnico y atención al cliente en es inglés. Sin embargo, hoy en día sabemos que el inglés es muy fundamental, algo básico en cualquier negocio y más si nos vamos a dedicar a servicios *online*. *Hostgator* también ofrece unos planes con servicios ilimitados, en este caso nos iríamos a la pestaña *web hosting* y vamos a ver un poco las ofertas que ellos presentan.

Ellos tienen un plan que se llama *Baby*, que es bastante económico, que es como el plan intermedio y la verdad que las características son totalmente ilimitadas. La diferencia del primer plan, es que nos va a permitir solamente un dominio, y si nos vamos al Baby, ya vamos a tener dominios ilimitados. En este caso si te decides por *Hostgator*, yo te recomendaría que te decidas por este plan, ya que la diferencia sería solamente de un par de euros y vas a tener la capacidad para almacenar dominios ilimitados.

Entonces, sencillamente nos iríamos a al *Signup* y seguiríamos el proceso de compra, que no es otra cosa igual que poner los datos administrativos, los datos técnicos, los datos de facturación y realizar el pago.

La primera vez que nosotros contratemos un servicio de alojamiento, ya sea en *Interdominios*, *Hostgator* o en cualquiera de las empresas; dentro del precio que ellos te ofrecen como plan anual te incluyen un nombre de dominio, con lo cual no tendrías que comprar primero el dominio y luego comprar el alojamiento. Si te vas a directamente a comprar un paquete de *hosting* ilimitado, ellos -dentro del plan- te van a incluir tu nombre de dominio gratuito, y luego, si más adelante quieres montar otra página web o te decides por montar otro blog para cargar o arrancar otro negocio *online* vendiendo un producto digital, pues, comprarías solamente el domino y ya lo alojarías directamente en estos servidores.

Como comenté, tendrías *Interdominios* como una alternativa y tendríamos también a *Hostgator*. Hay otra empresa con la que yo trabajo que se llama *Namecheap*, que es un poquito más costosa. Esto aproximadamente te va a costar unos 90 dólares al año; yo con *Namecheap* estoy pagando sobre unos 130 dólares al año.

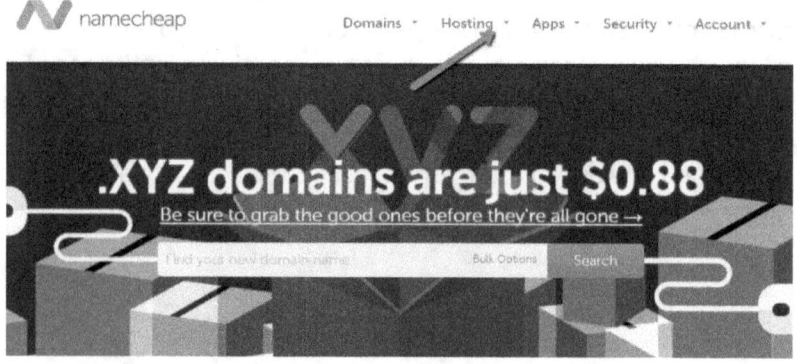

Evidentemente, como yo gestiono varios proyectos y gestiono varios proyectos para clientes, pues tengo distintos servidores aproximadamente unas cuatro o cinco cuentas de este tipo de hosting compartido. Aquí, del mismo modo nos venimos a la pestaña de hosting, *hosting* compartido y veríamos un poco la oferta que ellos nos ofrecen. Tendríamos a partir de 8.80 dólares y veríamos un poco más limitado.

Nos permite almacenar 3, 10 y hasta 50 sitios web, ancho de banda ilimitado y las características del servidor que estamos contratando, serían 20 o 50 Gb de disco duro sólido, que es mucho más rápido que el disco duro convencional.

Estas serían un poco de las alternativas de lo que te estoy mostrando aquí. También he trabajado con otra empresa que se llama *Bluehost*, y todas estas empresas que te he comentado vienen con el servicio integrado que dije anteriormente para instalar *Wordpress* en solo unos pasos. Te hablo de estas empresas porque como lo he dicho a lo largo del curso, yo estoy tratando de transmitirle la información de todo lo que yo he probado y sé que funciona.

Esto no es solamente una teoría, sino que es mi experiencia la que les estoy transmitiendo, a través de este curso y por eso les estoy recomendando estas compañías, porque he trabajado con todas ellas y sé que son bastante fiables y que tienen un buen servicio de atención al cliente, con un buen soporte técnico y precios bastante accesible para todos y cada uno de ustedes, ya sea que lleves tiempo a nivel *online* o estés comenzando o no tengas mucho capital para arrancar tu negocio.

Pues si te das cuenta hoy en día comenzar un negocio a través de internet es muy sencillo por las alternativas en cuanto a calidad y a precio, así que la alternativa es bastante amplia. Entonces recordemos que el alojamiento, el *hosting*, no es más que ese espacio en el servidor que nos va a permitir alojar los archivos y bases de datos de nuestro sitio web. Una vez que te decidas por qué empresa contratar, accedes a cada una de las ofertas, comienzas a llenar cada uno de los formularios y realizas el pago.

En pocos minutos vas tener ya tu plataforma lista para comenzar a trabajar en tu proyecto, en tu futuro negocio *online* vendiendo productos digitales. Esto sería todo para la parte de este capítulo y en el siguiente ya vamos a hablar sobre el blog, la plataforma que vamos a utilizar para generar ese contenido y atraer a nuestros clientes.

El Blog de tu audiencia

Continuando con el capítulo número dos, hablaremos ahora sobre el uso del *blog*. Como ya les comenté al principio de este curso, vamos a utilizar el *blog* como la herramienta o la plataforma que nos va a servir para generar el contenido que traerá el tráfico hacia esa oferta, hacia ese soborno ético que utilizaremos para filtrar al tráfico que llega a la web, separarlo y quedarnos con el público que está interesado en adquirir más información y que se va a convertir en un suscriptor.

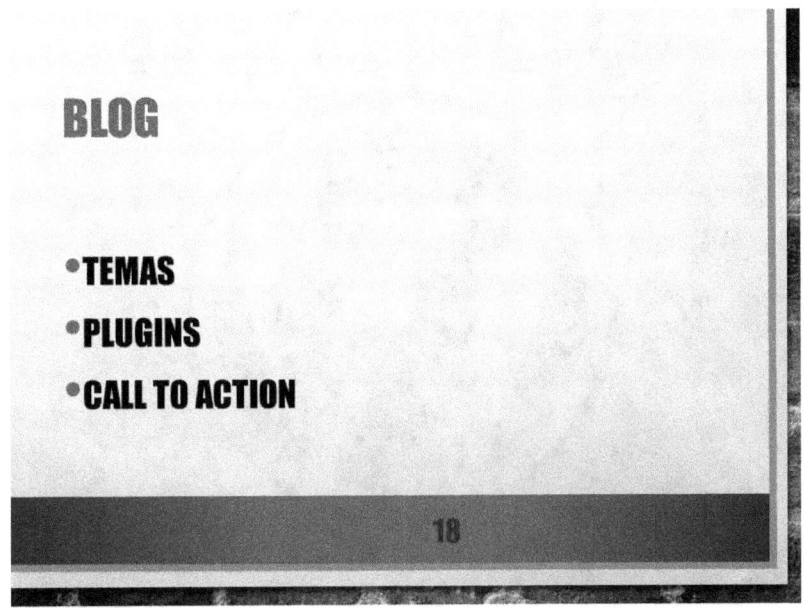

Para hacer este proceso, estos primeros pasos dentro de nuestro embudo de nuestra estrategia, utilizaremos el *blog*.

El *blog* es una plataforma que fue diseñada para ordenar el contenido de forma cronológica y que es parte de la idea de relacionarlo con un diario.

La palabra *blog* viene de la composición o conjunto de las palabras web y la palabra log, entonces viene a ser como una bitácora de contenido. Hoy en día, le damos la utilidad para organizar nuestros contenidos en categorías en las cuales enfocamos el contenido agrupado según el nicho en el que estamos trabajando. Si nuestro *blog* fuera sobre pérdida de peso, podríamos tener categorías que hablaran sobre alimentación, otra categoría podría ser ejercicios; otra, dietas y cosas por el estilo.

Dentro de cada una de esas categorías van a estar incluidos cada uno de los artículos que estarían por temas, todo esto con la finalidad de que el contenido nos sirva para atraer visitantes, y cuando termine de leer nuestro artículo, ya sea al final o al pie de la página, le vamos a ofrecer, colocar lo que se lama un **Call to Action**, que va a ser esa llamada de acción hacia nuestra oferta.

Comentarles que, dentro del *blog*, vamos a emplear lo que se conoce como temas, que son ese conjunto de plantillas que nos servirán para cambiar el diseño de nuestro sitio web. Digamos que, la parte gráfica, imágenes y la estructuración de contenidos la haremos a través de estos temas.

Entonces en la parte de temas dentro de los *blogs* vamos a tener dos opciones: una sería el uso de plantillas o de temas de forma gratuita; y la segunda, sería el uso de temas *Premium* o temas de pago como se les conoce también.

Ejemplo de un call to action

Para ello, les voy a mostrar un par de sitios web donde normalmente yo suelo adquirir esas plantillas, y les voy a mostrar además el repositorio de *Wordpress*.

La página oficial de *Wordpress*, sería /worpres.org y también existe una plataforma que se encuentra alojada en wordpress.com, que nos permitiría alojar nuestro sitio web en los servidores de *Wordpress,* con ciertas características pues tiene su propio dominio donde tendremos algunas limitantes a la hora de querer modificar, o de querer incluir *plugins* dentro de esta plataforma.

Por lo que yo, para mis negocios *online* no los suelo recomendar porque me gusta tener el control total de mi sitio web. Pero si estas comenzando y quieres adentrarte en el mundo del *blog* puedes intentarlo y acercarte a esta plataforma de wordpress.com siguiendo los pasos y poder crear tu sitio web.

En el caso nuestro emplearemos *Wordpress* para instalarlo en nuestro propio sitio web, para ello utilizaremos wordpress.org donde tenemos la opción de descargar todo el código fuente y los archivos necesarios para crear nuestra plataforma y nuestra base de datos, si lo hiciéramos de un modo manual descargando nuestros archivos y conectándonos a nuestro servido a través FTP y siguiéramos los pasos.

Si recordamos en la parte que tratamos sobre alojamiento, yo les recomendé que buscaran un alojamiento que ofreciera la instalación de estas plataformas prácticamente en automático.

Les voy a mostrar lo que vimos anteriormente, y para ello entramos a la página *Interdominios* donde desde dentro del servidor íbamos a buscar que nos ofreciera este tipo de aplicaciones para instalarlas de forma más sencilla, que en este caso de *Interdominios*, se llama *Clic & Go* y ya una vez dentro de nuestro *hosting*, en nuestra cuenta de usuarios; vamos a hacer clic sobre la aplicación, llenar un formulario y él de forma automática nos va a hacer la instalación. Del otro modo nos lo haría de una manera más rudimentaria, por lo que tendríamos que descargar el archivo y descomprimir esa información.

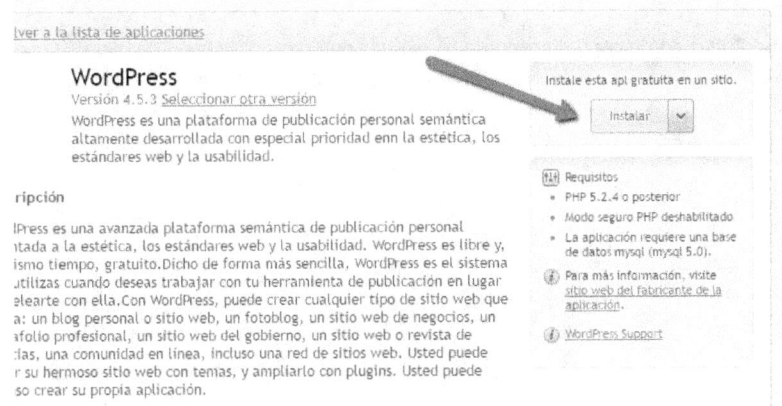

Luego tendríamos que hacer un proceso de subir esos archivos al servidor a través de un *software* FTP y crear la base de datos. Este paso que, si bien es cierto, cuenta con muchísima documentación *online* para hacerlo, yo me iría por la opción más sencilla que es contratar un alojamiento que ya nos permita hacer esa instalación de forma automática. Retomando un poco lo que les quería mostrar, era lo relacionado a las plantillas, a los temas que es lo que nos va a dar el diseño de nuestro *blog*, es lo que nos va a permitir cambiar la estructura entonces una de las opciones que tendríamos es ir directamente al repositorio de *Wordpress* a donde vamos a encontrar un grupo de plantillas que son totalmente gratuitas.

Ejemplo software FTP

De hecho cuando instalamos *Wordpress* por primera vez, viene con un tema preinstalado, que suele ser el de la última versión, o luego desde el propio repositorio podemos buscar las páginas que nos gusten, mayor información de cada una de las plantillas, *rating* de los usuarios, fechas de la última actualización, número aproximado de personas que las hayan instalado y una previsualización de cómo se vería este tema, mostrándose esa plantilla con un contenido de pruebas que permite ver un poco la tipografía, algunos elementos, y de esta forma, podemos ir buscando plantillas que nos sirvan para mejorar el diseño de nuestro sitio web.

Recordemos entonces que, si queremos una opción gratuita de los temas, vamos a ir a *wordpress.org/themes*, ese es el repositorio de *Wordpress.*

Otra alternativa que tendríamos también es el uso de plantillas de pago, lo que se le conoce como plantillas *Premium*, y para esa opción yo utilizo un sitio web que se llama *themeforest.net* y una vez que estamos dentro podemos acceder a la pestaña de *Wordpress*, ya que aquí se ofrecen temas y herramientas para distintas plataformas, y del mismo modo vamos a encontrar un repositorio con distintas plantillas.

La diferencia es que estas son plantillas de pago, y, por tanto, presentan mayor calidad, nivel gráfico, un mayor respaldo que tiene por detrás un soporte técnico y una garantía de que lo que estás comprando es una plataforma probada sin problemas de seguridad, sin fallos de usabilidad. Entonces, si buscas algo un poco más profesional yo te recomendaría que fueras a esta página, que también nos trae distintas categorías, e inclusive podemos visitar y ver una previsualización de cada plantilla donde la información va a estar más completa que en una plantilla gratuita.

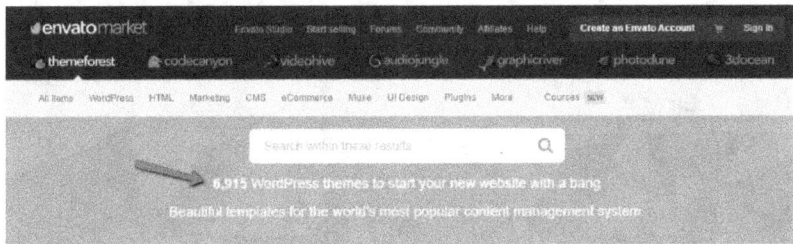

Entonces, estas serían las opciones que podemos utilizar. Como vieron, tenemos una opción gratuita en el repositorio de *Wordpress*, y tenemos también una versión *Premium* de pago en themeforest.net. En cualquiera de los dos casos es cuestión de que revises y mires un poco a tu gusto qué es lo que quieres utilizar dentro de tu proyecto.

Plugins que te harán crecer

Continuamos con el capítulo número dos, con la parte relacionada a los *blogs*. Ya en el capitulo anterior hablamos de la parte relacionada a temas, todo esto que tenía que ver con el diseño de nuestro sitio web, de nuestro blog y lo siguiente que vamos a hablar es lo relacionado a los *plugins*, que son unos pequeños fragmentos de códigos, unas pequeñas aplicaciones que nos van a permitir ampliar la funcionalidad dentro de nuestro sitio web.

Estos *plugins* nos permitirán añadir nuevas funciones para nuestro sitio web y mejorar su funcionamiento. Hay *plugins* que nos van a servir para mejorar la estructura o para mejorar nuestro posicionamiento web.

Para añadir un *plugins* nosotros vamos a ir a https://wordpress.org/plugins/ y aquí nos encontramos con el repositorio de los *plugins* de *Wordpress,* que en su mayoría son gratuitos, ya luego hay otros que son *Premium*, de pagos y se encuentran disponibles en las páginas de los desarrolladores. Sin embargo, desde esta plataforma podemos encontrar casi el 99% de los *plugins* que necesitaremos para configurar nuestro sitio y, dependiendo de la web de cada uno, es posible que necesiten ampliar funcionalidades con *plugins* en específico, pero por lo general lo que se suele utilizar son *plugins* para mejorar el posicionamiento y *plugins* para configurar formularios dentro de nuestra web.

Pongamos el ejemplo cuando queremos hacer un formulario de contactos: en el buscador simplemente incluimos la palabra formulario o formulario de contactos.

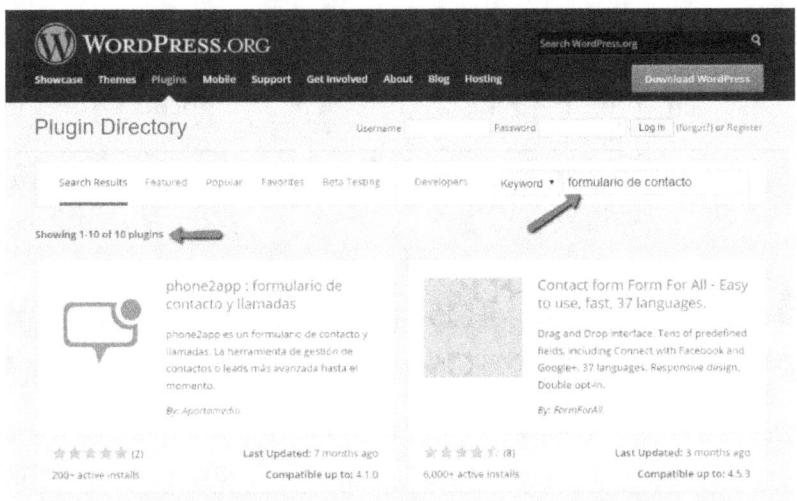

Yo, en particular, para mis proyectos, suelo trabajar con un formulario, con un *plugin* que se llama *Contact Form7*, lo escribimos en pantalla y realizamos la búsqueda, mostrándonos los resultados de cada uno de los *plugins* disponibles.

Seleccionamos nuestro *plugin* y lo vamos a instalar dentro de la plataforma Wordpress en nuestro sitio web; y a partir de ahí seguimos los pasos para crear nuestro formulario. Es algo bastante sencillo, el formulario se crea de forma automática.

Si vamos al sitio web, podemos ver ya como por defecto realiza un formulario con la información básica: nombre, correo electrónico, etc.

Una vez que la persona que introduce la información acciona el botón enviar, este formulario es enviado directamente a nuestro correo electrónico, por lo que es bastante sencillo a diferencia de si tuviéramos que elaborar este formulario de forma manual, codificando.

→ https://www.cesarpietri.com/

Dentro de este repositorio de *Wordpress* vamos a encontrar todos los *plugins* necesarios. Otro plugin que a mí personalmente me gusta recomendar mucho es uno desarrollado por una empresa, nombrada *Yoast SEO,* y que su función estará encaminada a ayudarnos a impulsar nuestro posicionamiento web.

¿De qué forma?

Recordemos que dentro nuestra estrategia del embudo que estamos diseñando, vamos a trabajar con el *marketing* de contenido, escribiremos contenido que esté pensado en palabras claves para atraer un volumen de tráfico hacia nuestro sitio web, y a partir de ahí, vamos a empezar ofreciéndole las siguientes etapas del embudo para seguir desarrollando esos compromisos.

Una de las formas para crear ese contenido y crearlo sabiendo que está bien optimizado es utilizando este *plugin*, que nos genera una especie de semáforo que nos irá dando las pautas para crear el contenido de la mejor manera posible.

Yoast SEO

Improve your WordPress SEO: Write better content and have a fully optimized WordPress site using Yoast SEO plugin.

By: Joost de Valk.

★ ★ ★ ★ ☆ (1,919)   Last Updated: 1 week ago

1+ million active installs   Compatible up to: 4.5.3

Una vez que comenzamos a escribir y definimos cuál es nuestra palabra clave, pues nos va ir indicando si la palabra clave se introdujo dentro del título, si se encuentra en el contenido de nuestro artículo, si la utilizamos como nombre dentro de nuestras imágenes y, poco a poco, nos va a ir dando una visual sobre cómo debemos ir optimizando ese contenido. Este *plugin* es 100% recomendado.

En todos los proyectos suelo utilizar este *plugin*, porque es bastante bueno, pues nos va a facilitar muchísimo el trabajo. También podemos utilizar *plugins* para mejorar el seguimiento. Si bien es cierto necesitamos hacer un seguimiento de todo el trabajo que hagamos dentro del sitio web para ver qué trabajos están funcionando y qué no, vamos a la caja de búsquedas haciendo referencia a *Google Analytics* y podemos ver las distintas alternativas que se ofrecen. Por lo general, estos *plugins* tienen dos opciones: o bien nos conectamos directamente con nuestra cuenta *Google Analytics*, o en la introducción del propio *plugin*, vamos a introducir ese número de identificación. Ese identificador que nos genera *Google Analytics* para saber que estamos rastreando nuestro sitio web.

En un principio, en la parte relacionada a *plugins*, nos vamos a quedar con el concepto de que un *plugin* es un pequeño fragmento de código que nos va a ayudar para ampliar o mejorar las funcionalidades de nuestro sitio web.

Como básico, utilizaríamos un *plugin* para generar formularios de contactos; uno para ayudarnos a mejorar el posicionamiento web dentro de nuestro sitio para el marketing de contenido; y utilizaremos un *plugin* para darle seguimiento a todos los trabajos que estamos realizando en nuestra página web, en este caso utilizaríamos un *plugin* que se conecte con *Google Analytics* para el rastreo.

Luego, podemos ir a la parte del repositorio y populares nuevamente para analizar un poco más los distintos *plugins* que se nos ofrecen, como son los dedicados a la creación de campos para formularios personalizados, ayudar a mejorar la velocidad, hacer seguimientos, convertir nuestro sitio en una tienda *online* más completa, seguridad, galerías, etc.

Es materia de cada cual hacer su propio análisis y ver cuál se adapta más a tus necesidades. Recordando: como mínimo vamos a utilizar un seguimiento de *Google Analytics* para verificar que nuestras acciones se están rastreando y saber las estadísticas. Utilizar un formulario de contactos para ofrecer el contacto de los visitantes con nuestra plataforma; y utilizar un *plugin* para el posicionamiento web, el SEO. Esto es lo relacionado con la parte de *plugins* dentro de nuestro blog. En el siguiente capítulo vamos a estar hablando sobre el *Call to Action*.

Como llevar a tu usuario a la acción

Continuamos con el capítulo número dos en el cual vamos a hablar en esta última parte de los blogs, lo relacionado con los *Call To Action*.

Si recordamos, en la estrategia que vamos a utilizar para iniciar nuestro negocio vendiendo productos digitales, hablamos que vamos a incluir dentro de este proceso tres productos digitales distintos. Uno lo que entregaremos de forma gratuita al principio del embudo; al principio de esta estrategia con la finalidad de separar esos visitantes, esos curiosos y quedarnos con las personas que realmente van a estar interesadas en nuestro nicho de mercado y que en algún momento del proceso se van a convertir en nuestros clientes.

Cuando nosotros generamos ese contenido, nos va a ayudar a atraer esas cantidades de tráfico, ya en el capítulo tres hablaremos sobre todo lo relacionado al marketing de contenido, y una vez que tenemos ese tráfico dentro de la web, de alguna manera nosotros tenemos que ofrecerles ese compromiso para ver quiénes son los que están interesados, los que van a continuar a lo largo del embudo y eso lo vamos a hacer a través del uso de los *Call To Action*, que no es otra cosa más que una llamada a la acción.

Por lo tanto, en nuestro blog los artículos que publiquemos, al finalizar, vamos a ofrecer este *Call To Action* para que la persona tome acción, visite nuestra oferta gratuita y los interesados, nos den la información que le estamos solicitando y que en esta etapa debe ser poca información. Sencillamente pediremos su correo electrónico o adicionalmente su correo y su nombre. Toda esta llamada la haremos mediante el *Call To Action*, que no va a ser otra cosa que al final de nuestro artículo, tendremos una imagen que llamará la atención de ese lector para ofrecerle ese producto gancho, ese soborno ético como lo he llamado yo a lo largo de este curso. Entonces para que les quede más claro, iremos a un ejemplo: visitaremos uno de los artículos que tenemos publicados, donde hemos creado un contenido de valor atrayendo visitantes de una forma orgánica y natural hacia nuestra web.

Descubre!
El sistema que necesita tu empresa
para atraer a tu cliente ideal...

Descargar

 Gratis

Ejemplo de un Call To Action

Una vez que el visitante comienza a leer esa información de muchísimo valor para las personas interesadas en este sector, al final del articulo lo que se va a conseguir, no es otra cosa más que el llamado a la acción, nuestro *Call To Action*, que en este caso es nuestra oferta, nuestro soborno ético, donde le estamos ofreciendo a nuestro lector un reporte gratuito que le explica como logré generar más de 18000 dólares con un simple blog.

Esta imagen que vemos al final del artículo es lo que denominamos *Call To Action*, un llamado a la acción, una imagen que nos invita a realizar un siguiente paso y a generar ese compromiso, esa acción por parte del visitante, que si se siente atraído va a hacer clic sobre ese enlace y lo estaríamos llevando hacia nuestra oferta.

No Pierdas la Oportunidad y Accede a Este Reporte!

Descubre Como Logré
Ganar Más de
18,000$
Con un Simple BLOG

En este reporte totalmente GRATUITO te cuento como lo hice y te explico el método que utilice para generar esa cantidad de dinero...

REPORTE GRATUITO
COMO GANAR 18000$ con un simple BLOG

En esta parte del embudo, en esta parte de la estrategia, la oferta es gratuita, ese imán de atracción, ese soborno ético para que él nos dejé su nombre y su correo electrónico. A partir de aquí nosotros vamos a poder aprovechar ese permiso por parte del visitante para nosotros entrar en contacto con él, seguir educándolo y mostrándole todo el contenido que le podemos ofrecer hasta el punto en el cual esté listo para realizar esa primera compra. En este caso la llamada a la acción que utilizamos en nuestro blog es ofreciéndole este reporte gratuito. Recordemos que el *Call To Action* no es otra cosa que esa imagen, ese botón o ese texto con un enlace que nos va a permitir realizar esa oferta con eso producto gancho.

Esto sería todo lo referente a este capítulo número dos y ya en el capítulo número tres vamos a comenzar a hablar sobre el método para la generación de tráfico con el marketing de contenido.

La estructura de tu articulo para captar clientes

Bienvenidos al capítulo número 3 donde vamos a comenzar la parte relacionada a la generación de tráfico.

En este capítulo vamos a explicar un poco sobre el tipo de contenido que vamos a utilizar para atraer a los visitantes a nuestra web. Hablaremos sobre esa estructura del artículo que debería tener para que sea considerado como un contenido pensado en *SEO* en posicionamiento web (Search Engine Optimization). También vamos a hablar sobre dónde podemos encontrar esas palabras claves que dijimos en un principio del entrenamiento del curso, y utilizan nuestros visitantes para encontrar la información de nuestro nicho de mercado.

Hoy vamos a dar un par de ideas sobre donde puedes tú, de cierto modo, orientarte y tener una base con la cual trabajar sobre esas palabras clave. Además, vamos a hablar sobre el concepto de *LongTail*, que es un concepto de cola larga, dónde vamos a mirar un poco porque debemos utilizar palabras o frases que estén compuestas por un número como mínimo de tres palabras, ya que va a ser más fácil para nosotros posicionarnos.

Por último, ya hemos comentado a lo largo de todo el entrenamiento, vamos a hablar un poco de la parte del *SEO*, la parte del posicionamiento.

Primero vamos a empezar a hablar sobre la estructura que debe tener nuestro artículo, la estructura que debe tener el contenido que nosotros creemos dentro de nuestra web, dentro de nuestro blog.

Para eso vamos a hablar un poco sobre el término como tal, del marketing de contenido.

Esto es una expresión utilizada por la industria digital, donde es aplicado generalmente a todo lo relacionado con posicionamiento de una página web en los motores de búsqueda; de ahí que diseñar una campaña de atracción, una campaña de marketing de atracción, esta debe de incluir una buena estrategia en marketing de contenido.

Esta estrategia supone la forma en ¿Cómo van a optimizarse los contenidos para los motores de búsquedas? Por lo general, una buena estrategia de marketing de contenido trabaja con contenidos basados en la indexación de palabras clave, o lo que conocemos como *keywords*, también como su función específica, es la de incrementar el tráfico de un sitio y por defecto al final vamos a incrementar también las ventas. Esto se logra, siguiendo una sencilla estrategia específicamente basada en la creación de contenidos relevantes para los usuarios.

Se trata de incluir en los contenidos palabras clave de búsqueda habitual en los buscadores, haciendo que la página sea encontrada con facilidad.

Un poco lo que estamos haciendo con este contenido que vamos a generar dentro de nuestro sitio web, es un contenido interesante para los usuarios y que también va a estar pensado en un posicionamiento, va a estar pensado que dentro de nuestro contenido incluyamos esas *keywords* para hacer referencia directa a los términos que se introducen en los campos de búsqueda por parte del usuario en los motores de búsqueda, como Google, Yahoo, Bing o en el cual queremos enfocar nuestros esfuerzos.

Esa palabra clave que utiliza el usuario la vamos a introducir dentro de la estructura de nuestro contenido y vamos a darle un formato en específico, el cual según mi experiencia; está bien considerado por los motores de búsqueda y nos va a ayudar a que se posicionen bien.

Vamos a partir de qué tenemos una palabra clave y luego esa palabra la vamos a introducir en nuestro contenido logrando que sea visualmente atractiva para el visitante, pero que está, a su vez sea amigable para los motores de búsqueda.

Para eso yo voy a buscar una imagen, o sea, esto es un poco las recomendaciones según mi experiencia, que deberíamos tomar en cuenta al momento de crear ese contenido.

Partimos de que tenemos una palabra clave y el contenido va estar relacionado alrededor de esa palabra clave. Vamos a utilizar en el formato un título, ese título va estar con un mínimo de 40 caracteres y un máximo de 70 y ese título, es el que van a utilizar los motores de búsqueda para identificar nuestro contenido. Este título lo vamos a introducir en la meta etiqueta que hablamos en su momento.

Esto va a ir en un formato H1, que significa que es una cabecera número 1. Vamos a incluir la palabra clave como ya les comenté, dentro del título y si en caso tal de que el título de nuestro artículo la palabra clave no coincida, o sea un poco difícil introducirla dentro del título, lo que yo voy a recomendar es que vamos a colocar al principio la palabra clave.

Vamos a separarla con guion o dos puntos con alguna barra y luego vamos a colocar el título de nuestro artículo, siempre pensando en optimizar nuestro artículo para que se posicione en los motores de búsqueda. De este modo, pues vemos si nuestro artículo se posiciona en los primeros resultados, vamos a comenzar a traer más visitantes hacia nuestro embudo, hacia nuestra estrategia.

Luego el tamaño del contenido, el tamaño del artículo, que sea de unas trescientas palabras; en realidad lo que a mí más me funciona es a partir de 500 palabras.
Si es un artículo muy grande, de más de 1000 o dos mil palabras, yo recomendaría dividir este artículo y lo presentamos en distintas entregas. Entonces el artículo, nuestro título parte 1 y luego vendría la siguiente parte del artículo que sería parte 2. Incluiremos también la palabra clave en el primer párrafo, en el último párrafo del contenido y de ser posible esta palabra la vamos a incluir un par de veces más en el resto del contenido, tomando en cuenta dentro del posicionamiento web.

Dentro del estudio de las palabras claves trabajaremos con dos términos, un término es el de la densidad de palabras claves, que es ese porcentaje de veces en que aparece nuestra palabra clave dentro del contenido, y también vamos a trabajar con un término que se llama proximidad.

El término de proximidad se refiere a qué tan cerca se encuentra nuestra palabra clave del inicio del primer párrafo, por eso yo recomiendo aquí para trabajar el concepto de proximidad, tratar de incluir nuestra palabra clave en el primer párrafo y relacionándonos al término de densidad de palabra clave, yo recomiendo incluir nuestra palabra clave al principio del párrafo, al final del último párrafo y de ser posible lo vamos a incluir un par de veces en el resto del contenido.

Hablamos sobre el subtítulo, deberíamos de incluir nuestra palabra clave en algunos de los subtítulos dentro de nuestro artículo.

Si vamos a utilizar imágenes, de ser posible, introducir una de estas imágenes dentro del artículo y utilizar la palabra clave como nombre de la imagen. Aquí voy a poner el ejemplo, mi palabra *clave .jpg .gif .png* dependiendo del formato imagen que estemos trabajando. Lo interesante o lo importante, es que se utilice el nombre de la palabra clave dentro del nombre de la imagen.

Recordemos que vamos a utilizar esa palabra clave dentro del nombre del archivo y que las imágenes tienen un nombre de etiqueta que nos dan un poquito más de información, cómo puede ser un título alternativo dentro de esa etiqueta. Vamos a incluir también nuestra palabra clave en el resto de las *metatag*.

También vamos a utilizar como inicio de ese párrafo nuestra palabra clave y aquí vamos a tomar en cuenta que la descripción no exceda de los 150 caracteres, ya que eso es lo que nos va a mostrar en la página de resultados de Google como información, como ese párrafo que ofrece la información de lo que vamos a ver en esa página.

Otra de las recomendaciones, aunque no es obligatoria, le da un poco de valor lo que nosotros enlacemos con otro tipo de contenidos y que sean contenidos externos; inclusive lo cual va a ayudar a darle más valor y va a ser un contenido más natural las recomendaciones que nosotros estemos haciendo de otros contenidos. Como muchas veces esto no es fácil de encontrar, otro contenido al cual podemos enlazar; yo lo que recomiendo como una idea es que puedas utilizar fuentes externas, como, por ejemplo; *Wikipedia*.

Entonces tú, dentro de tu artículo del que estás hablando, todo el contenido está enfocado en esa palabra clave que tú quieres posicionar y a su vez durante la lectura de ese contenido, tú puedas hacer referencia a algún contenido externo. Si ese contenido externo para ti es difícil de detectar, de conseguir; pues sencillamente puedes hacer algo como citar una fuente dentro de *Wikipedia*.

Esto es un poco la recomendación que te hago yo relacionada a la estructura que debería tener tu artículo, siempre que estamos escribiendo pensando en el *SEO*, pensando en que nuestro artículo se posicione.

Seria todo para este primer tema del capítulo 3 relacionado al marketing de contenido y en el siguiente tema les voy a hablar un poco sobre cómo y dónde puedes buscar esas palabras claves, dónde puedes conseguir esas ideas de palabras claves. Nos vemos en el siguiente tema.

Generando grandes cantidades de tráfico (visitantes)

Continuamos con el capítulo número tres relacionado a la generación de tráfico, y ahora vamos a hablar sobre dónde podemos encontrar las palabras claves para comenzar a generar nuestros artículos. Al principio de este capítulo vimos cuál es la estructura correcta que deberíamos tener dentro esa generación de contenido Así que ahora lo que vamos a ver es en qué sitio podemos tener o encontrar ideas para ver las posibles palabras que podemos utilizar para nuestro artículo en cuestión que vamos a escribir.

La primera idea que podríamos utilizar: dentro de *Google* existe una herramienta que se llama el *Keyword Planner*. Vamos a *Google Adwords*, que es donde se encuentra esta herramienta y se las voy a mostrar.

El *Keyword Planner* es una herramienta que está diseñada para el uso de las campañas de pago por clic, dentro de la plataforma de *Google*.

Sin embargo, para nosotros apoyarnos, para nosotros apalancarnos en esta herramienta vamos a utilizar el *Keyword Planner* para buscar palabras clave que nos sirvan para crear este contenido. Vamos a utilizar ese buscador para ver qué palabras nos puedan servir y ver el volumen de búsquedas que se generan en el propio buscador a través de esa palabra.

Accedemos al *Google AdWords*, para esto solamente vamos a necesitar una cuenta de *Google,* bien sea un correo electrónico de *Gmail*, y si es la primera vez se inicia la sesión e introducir algunos datos adicionales como si fuésemos a crear una campaña publicitaria.

En mi caso, ya yo tengo el *Google Adwords* creado, entonces sencillamente nos iríamos a la pestaña de herramientas y una vez que se abra la ventana voy a seleccionar la opción de *Keyword Planner*, el planificador de palabras claves, hacemos clic y nos vamos a la opción que dice "planificador de palabras claves" y nos va a dar un formulario para completar con algunos de los filtros que podríamos utilizar para segmentar un poco esa información.

En un principio tendríamos que introducir nuestra palabra principal, digamos nuestra palabra clave o semilla como se le suele llamar, y a partir de ahí él nos va a generar un grupo de palabras alternativas y nos va a dar la información en cuanto a la competencia que exista en esa palabra dentro de la plataforma de *Google Adwords*, y nos va a decir el volumen de búsqueda mensual en promedio que recibe esa palabra clave.

Una vez que cargue la página vamos a tener varias opciones, nos iremos a la primera opción que dice "encontrar palabras claves nuevas y obtener datos del volumen de búsquedas", en este caso se introducen la palabra clave.

Pongamos un ejemplo: "flores", como palabra clave principal. Aquí podríamos segmentar un poco la información en cuanto a país, idioma, vamos a hacer una prueba dejándolo tal como ésta, sería en la segmentación por país España y el idioma español, nuestra palabra clave va a ser la palabra *"flores"* entonces a partir de este momento el comienza a verificar la información que dispone de *Google* como buscador y nos va a crear unos grupos de anuncios relacionados con nuestro nicho y nos va a decir el volumen de búsqueda de ese grupo de anuncios completo en este caso "flores domicilio" está integrado por 58 palabras clave; y entre las 58, eso genera un volumen de búsqueda de 10,240. También podríamos hacer clic en esta pestaña donde dice "ideas para palabras clave" y aquí podemos ver el listado completo de palabras, sin que se encuentren agrupadas por el grupo de anuncios como tal, por ejemplo, la palabra *"ramos de flores"* recibe en promedio mensual 14,800 visitas a partir de aquí podríamos tomarlo como una idea y nos daría la información necesaria para comenzar a generar ese contenido.

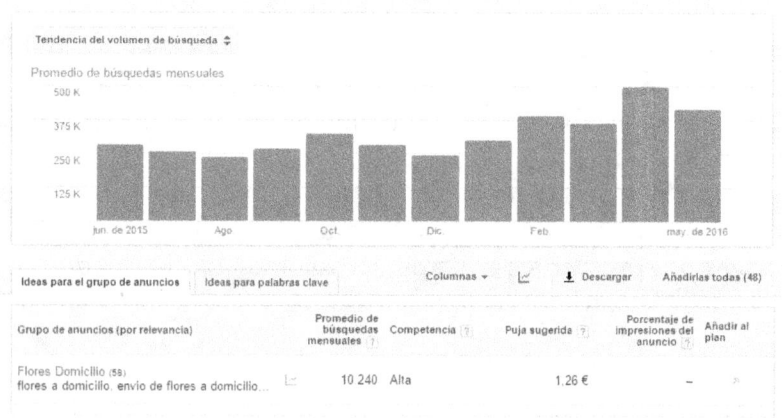

Otra cosa que podemos hacer es ir directamente al motor de *Google* y aprovechar una función del motor de búsqueda, que es el autocompletar, introducimos nuestra palabra clave semilla nuevamente, empiezo a escribir "ramos" y ya me completa *"ramos de flores"* y si le doy un espacio me va a ofrecer otras alternativas como pueden ser fotos, barato, para cumpleaños entonces podríamos ir aprovechando esta herramienta de autocompletar para buscar palabras claves de *LongTail*, de cola larga que nos sirva para posicionarnos dentro del motor de búsqueda, y según vayamos alargando el espacio nos irá ampliando la información.

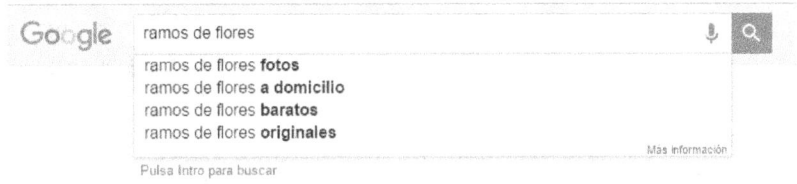

Podremos ir buscando *"ramo de flores para cumpleaños de mujer"* y, si este fuese nuestro nicho de mercado, podríamos tomar esta frase completa como palabra clave y a partir de ahí generaríamos un artículo enfocado en esta palabra clave haciendo la estructura.

Tomando en cuenta toda la estructura que comentábamos a principio del capítulo tres, relacionado con la generación de tráfico. Vamos a utilizar esta palabra clave en el nombre de nuestras imágenes, la vamos a utilizar en el titular en la descripción y vamos a introducir a lo largo del contenido que se genera esa palabra clave para lograr así que nos posicionamos dentro de los motores de búsqueda con estas palabras clave.

Otra cosa que tenemos que tomar en cuenta es verificar cuáles son nuestros competidores para esa palabra clave y ver qué posibilidades vamos a tener nosotros de posicionarnos, de lograr una posición en la primera página de los resultados del motor de búsqueda, *rankear* dentro de los primeros resultados.

Otra idea que podemos utilizar para la generación de palabras clave, de las *keywords*, nos vamos al final de la página de resultados y vemos cómo directamente nos prepara un grupo de palabras relacionadas a lo que se introdujo en un principio, tendremos aquí:

"fotos de ramos de flores para cumpleaños"; "ramos de flores para felicitar cumpleaños",

y esto nos serviría para tener una idea de las posibles palabras que podemos utilizar. Así que esto sería de momento todo para esta parte del capítulo donde les quería comentar estas tres maneras o estas tres formas de tomar ideas para buscar las palabras claves.

Recordemos entonces que tenemos el *Keyword Planner,* el planificador de palabras clave, la herramienta del *Google Adwords*; tenemos el autocompletar de la caja de búsqueda de *Google* y, por último, tenemos las búsquedas relacionadas al final de la página de resultados de *Google*. Con esto tenemos un poco de referencia para comenzar a realizar nuestra investigación de las palabras clave, a ver cuáles nos pueden funcionar para hacer nuestra investigación y cuáles no.
En el siguiente tema les voy a hablar un poco sobre el concepto de *LongTail*, para que tengan claro por qué debemos utilizar las palabras de más de tres o las frases conformadas por más de tres palabras.

Búsquedas relacionadas con ramos de flores para cumpleaños de mujer

flores de cumpleaños **gratis**	flores para **felicitar** cumpleaños **gratis**
flores de cumpleaños para **una amiga**	flores cumpleaños para **facebook**
fotos de ramos de flores para cumpleaños	ramos de flores de cumpleaños
ramos de flores para **felicitar** cumpleaños	flores de cumpleaños para **mi amiga**

1 2 3 4 5 6 7 8 9 10   Siguiente

Generación de trafico LongTail

Muy bien, continuando con el capítulo número 3 sobre generación de tráfico; vamos hablar ahora sobre lo que es el concepto de *LongTail* o lo que se conoce como el concepto de cola larga.

Recordemos entonces que nuestra fuente principal de atracción de tráfico va a ser la generación de contenido enfocado en una palabra clave, vamos a trabajar el marketing de contenido como tal, vamos a crear artículos informativos que aporten valor al usuario pero que sean enfocados también para que sean amigables a los motores de búsqueda y cuando los robots y los Spider de los motores de búsqueda que Indexen nuestro contenido nos ayuden, a que obtengamos o nos posicionemos en las primeras páginas de resultados.
Si analizamos esto, pues nos damos cuenta de la importancia que va a tener una buena estrategia de palabras clave al momento de generar ese contenido.

En el capítulo anterior veíamos tres posibles alternativas que tenemos para buscar ideas de las palabras claves que pueden utilizar para generar ese contenido. Entonces recordemos que la palabra clave es esa frase que introduce el usuario en la caja de búsqueda para encontrar las respuestas a la consulta, que él esté realizando dentro de Google. La palabra clave va a ser esa frase que introduce el visitante dentro de Google para ver luego los resultados que se obtienen.

Partiendo de esto, les quiero comentar entonces lo que está relacionado al concepto del *longtail*. El concepto del *longtail* lo acuñó dentro del marketing un periodista, un escritor de una revista llamada *Wired* de habla inglesa en el año 2004 (puedes ampliar la información visitando el articulo original en http://www.wired.com/2004/10/tail/), en el cual, él hablaba de lo que viene a ser el concepto de cola larga.

Yo busqué una imagen para que ustedes vean la referencia de lo que puede ser este concepto, principalmente este concepto nos habla de mientras la palabra es más corta, va a ser una palabra genérica y en el caso de los motores de búsqueda va a ser una palabra más genérica, pero nos va a generar una mayor cantidad de visitas.

Se supone que mientras más pequeña es la palabra, mientras más genérica es; el volumen de tráfico va a ser muchísimo mayor.

Sin embargo, las palabras que son más específicas, en este caso son las palabras que se alejan más hacia el final de la cola; van a ser palabras más específicas y que van a tener un menor volumen de búsquedas. A primera vista seguramente a ustedes les parezca que lo más lógico es buscar frases más genéricas por el volumen de búsquedas, pero es totalmente lo contrario, ya que en estas palabras que generan un volumen de búsquedas muy grande, todo crece en proporción.

Así, que nuestra competencia también va a ser muy grande, lo cual nos va a hacer más difícil nuestro trabajo para lograr buenos resultados en la página de resultados de los motores de búsqueda, nos va a complicar el alcanzar esas posiciones; entonces nuestro enfoque debería ser todo lo contrario.

Nos deberíamos de alejar de las palabras genéricas y nos deberíamos a acercar a palabras más específicas, esas palabras más específicas, si bien es cierto, tendrán un volumen de búsqueda inferior pero aquí también vamos a tener una mayor posibilidad de posicionar nuestra página web.

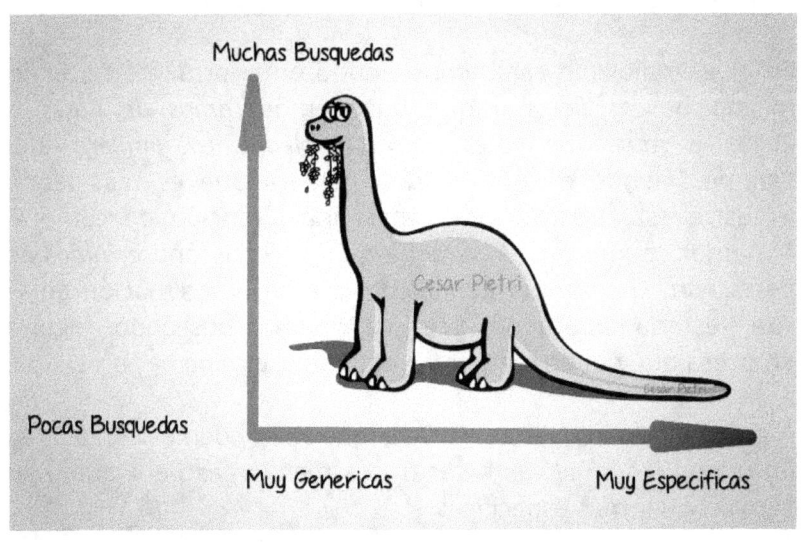

Adicionalmente, mientras más específica la palabra, nos está sirviendo para identificar en realidad que esa persona está interesada en nuestro producto, en nuestro sector o en nuestro nicho de mercado según la palabra clave que esté utilizando; inclusive vamos a saber si esa búsqueda tiene alguna intención de compra a diferencia de lo que podría ser una palabra genérica que puede ser sencillamente que se encuentre en un estado de investigación de búsqueda de información sobre ese proceso. Entonces partimos, de que el concepto de *LongTail* como información, con la que nos debemos quedar, vamos a buscar palabras claves que estén formadas; que la frase está conformada por un grupo mayor de palabras que sean unas palabras más específicas.

En el ejemplo que estábamos viendo anteriormente no es lo mismo buscar *flores* a que busquemos *ramos de flores* e inclusive *ramos de flores para cumpleaños de mujer*. Aquí estamos viendo de que es una palabra que es más larga, inclusive esta frase podría tener una intención de compra. Podemos asumir que la persona que esté buscando *"ramos de flores para cumpleaños de mujer"*, está en una situación en la cual estaría buscando precios, estaría buscando alguna empresa que pueda realizar la venta de ese *ramo de flores*.

A groso modo lo que me interesa que se queden es con la idea de que en *LongTail* van a ser frases más largas pero que a su vez van a ser más específicas.

En este siguiente ejemplo podemos ver la palabra *café* es una palabra más genérica; genera un volumen de búsquedas muchísimo mayor, pero aquí estaríamos muy alejados de nuestro cliente ideal, de la posible búsqueda relacionada a la compra del producto.

Luego, si nos vamos más al medio ya tenemos una frase de dos palabras que serían *granos de café*, esto baja un poco el volumen de búsqueda, pero a su vez, va a ir perfilando hacia el extremo donde la frase es más específica.

Podemos seguir viendo *granos de café de tueste medio*, *empaquetadoras de granos de café*, entonces vamos chequeando que según va aumentando el número de palabras dentro de esa frase nos vamos alejando hacia el extremo de más específico. Lo mismo deberíamos de hacer nosotros para las palabras clave que vamos a utilizar para generar un contenido, vamos a utilizar palabras clave *LongTail* y vamos a utilizar la estructura del artículo que vimos en los temas anteriores. Para utilizar esa palabra clave dentro del título, al principio del párrafo un par de veces dentro del contenido, si incluimos una imagen; en esa imagen la vamos a nombrar con nuestra palabra clave y al final del párrafo también vamos a introducir esa palabra clave.

La misión de este artículo es sencillamente la de atraer visitantes hacia nuestra web y luego al final de ese artículo incluimos el *Call To Action*, eso nos va a servir para separar a los visitantes de las personas realmente interesadas en nuestro producto o en nuestro servicio; pero, además, nos van a dar la oportunidad de que nosotros empecemos a entrar en contacto con ese nuevo suscriptor. Esto sería todo para este tema y en el siguiente tema vamos a hablar sobre el *SEO*.

Tu negocio en Google

Continuamos con el capítulo número 3 de generación de tráfico y para este último tema, vamos a hablar sobre lo relacionado al *SEO*.

De los temas anteriores vimos la estructura de un artículo para que se posicione de la forma correcta. También vimos los sitios que podríamos utilizar para buscar esas palabras claves y tener esas preferencias de palabras claves. En el tema anterior vimos el concepto *LongTail*, la cola larga, y ahora vamos a continuar con el *SEO*.

En principio, muchos de ustedes es posible que no conozcan el significado del *SEO, pues* proviene de las siglas en inglés que representan Search Engine Optimization, que no es otra cosa que optimizar nuestro sitio web para que sea amigable a los motores de búsqueda, para que esto nos ayude a que se posicione en las primeras posiciones de la página de resultados de cada uno de los motores de búsqueda.

Dentro del *SEO* existen dos vertientes, o digamos que dos posibles formas de realizar *SEO*. La primera forma sería el posicionamiento *onsite*. El *SEO onsi*te es lo que se refiere a todo ese trabajo que nosotros vamos a hacer para mejorar la indexación de nuestro sitio web dentro de nuestra página, esto se refiere a los cambios que vamos a hacer a las modificaciones que podemos realizar desde nuestro módulo de administración para que sean más amigable los motores de búsqueda.

Por eso es muy importante. Si vemos en esta diapositiva, la primera característica del posicionamiento *onsite* se refiere a contenido, por eso en los temas anteriores estuvimos hablando bastante sobre el marketing de contenido y cómo debes estructurar ese contenido para que sea indexable por los motores de búsqueda.

SEO

ONSITE   OFFSITE

Marketing de contenidos Linkbuilding
Usabilidad
Estructura

También, vamos a hablar que dentro del posicionamiento *onsite* es muy importante tener una estructura; la estructura de nuestro sitio web bien definida, pues es importante que existan enlaces entre todo el contenido de nuestra página web ¿Con qué finalidad? Pues eso nos va a llevar a un mejor rastreo que vendría a ser el último factor que aparece en la lista del posicionamiento en *onsite*. Esto significa que, si tenemos una buena estructura, todas nuestras páginas están entrelazadas y tenemos un orden correcto de todo el contenido; cuando pase ese pequeño software que utiliza el motor de búsqueda para rastrear el contenido, ese spider o robot, cómo se le conoce comúnmente; no vaya a dejar de indexar ninguna de nuestras páginas.

Entonces lo que estamos buscando es un contenido bien optimizado para atraer visitantes, a su vez, vamos a tener una buena estructura dentro de nuestro sitio web y eso nos va a ayudar o nos va a permitir, que cuando un motor de búsqueda nos visite, encuentre todo el contenido que tenemos dentro de nuestra web.

Mientras más contenido tengamos y se indexe de la forma correcta, más oportunidades de hacer negocio vamos a tener, ya que vamos a generar una mayor cantidad de tráfico y vamos a posicionar más páginas, enfocado siempre en las palabras clave. Recordemos que este contenido para la optimización *onsite* lo vamos a generar partiendo de la palabra clave, y pensemos siempre en palabras claves de *LongTail*, palabras clave de cola larga que van a ser esas palabras clave más específicas.

Luego la otra vertiente que existe dentro del posicionamiento web dentro del *SEO*, es las características que se escapan de nuestras manos.

Estas son las que se encuentran fuera de nuestro sitio web y no vamos a tener control total o no vamos a tener dominio de gestionar todo el contenido, a diferencia de lo que podemos hacer dentro de nuestra página.

Sin embargo, pueden utilizar ciertas herramientas o ciertas técnicas para generar algún tipo de enlace de otro sitio web a nuestra página ¿Con qué finalidad? Si logramos que otras páginas enlacen hacia nuestro sitio web y si las otras páginas son páginas de autoridad, son sitios web autoritarios o sitios web que ya están generando una gran cantidad de tráfico; cuando el motor de búsquedas rastre ese sitio web y consiga un enlace hacia el nuestro, inmediatamente ese robot va a seguir ese enlace y va a llegar hacia nuestra web.

¿Qué pasa cuando comenzamos a generar gran cantidad de enlaces; gran cantidad y de gran calidad?

No nos vamos a fijar solamente la cantidad de enlaces que vamos a generar, sino que sean sitios enfocados en nuestro nicho de mercado y que sean sitios web que tengan cierta calidad en cuanto al contenido.

Lo que vamos a lograr con esto es qué entre más sitios de calidad apunten hacia nuestra web; en cierto modo le estamos diciendo al motor de búsqueda que nuestro contenido es importante, nuestro contenido es relevante para ese nicho de mercado, ya que otros sitios web nos están recomendando.

Por eso es bastante importante trabajar esta parte como complemento en posicionamiento, el *SEO* fuera de nuestro sitio como ya están viendo no es algo que dependa el 100% de nosotros, porque nosotros no podemos ir y colocar enlaces a otras páginas web. Sin embargo, si logramos que la gente nos enlace de forma natural vamos a lograr mejorar ese posicionamiento en las páginas de resultados de los motores de búsquedas Entonces ¿de qué manera podríamos generar esos enlaces? tal vez muchos se están preguntando ya que nosotros no lo controlamos.

Pero podemos aplicar ciertas estrategias para intentar que otros sitios web nos enlace. La primera estrategia que se me ocurre es algo que se conoce como *Guest Posting* o algo así como un escritor invitado.

Lo que quiere decir es que consigues un sitio web o consigues un blog que pertenece a un mismo nicho del mercado tuyo y tú le vas a ofrecer a este sitio web generar algo de contenido, un contenido que sea de valor.

Le puedes escribir tal vez un par de artículos y a cambio lo que le vas a pedir es que desde su web enlacen hacia el tuyo y de este modo; logrando ese voto de confianza que existe cuando una página enlaza a la tuya, entonces esa podría ser una de las maneras de generar ese contenido.

Otra forma en que podemos generar enlace hacia nuestra web es a través del uso de notas de prensa. Hay empresas dedicadas a realizar notas de prensa sobre tu negocio y difundirlas a través de la red, entonces evidentemente dentro de esa nota de prensa vamos a incluir un enlace hacia nuestro sitio web.

Otra alternativa que podemos utilizar para la generación de estos enlaces va a ser el colaborar con foros, o dentro de foros.

Digamos, formando parte de esa conversación, aportando contenido de valor vamos a ayudar a los otros usuarios dentro de ese foro y en ese caso lo que vamos a hacer es dentro de nuestro perfil del foro, colocar nuestros enlaces hacia nuestra web. De este modo cuando uno interviene en alguna conversación dentro de un foro y tú comentas, tu firma o enlace tu perfil va a aparecer al final de tu mensaje y si en tu perfil tienes un enlace hacia tu sitio web, en cierto modo estás generando un enlace hacia tu página web entonces.

Estas serían algunas de las alternativas que podríamos tener en cuanto a la relación del posicionamiento dentro de nuestro sitio y fuera de nuestro sitio.

Recapitulando un poco; nos vamos a enfocar en nuestro sitio web en tener una buena estructura para que sea fácil el rastreo a través de los motores de búsqueda, a través de nuestro sitio web y vamos a generar un contenido muy bien optimizado pensando siempre en darle valor al usuario, pero a su vez que sea amigable para los motores de búsqueda y por último retomando el posicionamiento *offsite* nos vamos a dedicar entonces, a aportar valor en otro sitio web a cambio de que nos genere un enlace hacia nuestra página.

Vamos a colaborar en foro e inclusive podemos realizar esas notas de prensa que ya comentamos.

Eso sería todo para este tema donde les quería comentar un poco de estas dos vertientes dentro del posicionamiento web. Ya en el siguiente tema entraremos en el Capítulo número 4 donde comenzaremos a hablar sobre qué manera puedes utilizar dentro del negocio para cobrar a nuestros clientes. Veremos un poco qué herramientas podemos utilizar para que esto funcione de forma automática. Nos vemos en el siguiente tema.

Recibiendo dinero de tus clientes

Vamos a hablar sobre cómo cobrar a nuestros clientes. Ya en este punto sabemos cuál va a ser la estructura de nuestra estrategia para comenzar con nuestro negocio vendiendo productos digitales y para nosotros poder generar esos ingresos vamos a necesitar de algún tipo de pasarelas de pagos para recibir el dinero que nos van a enviar nuestros futuros clientes.

En principio cualquier pasarela de pago debería servir para recibir los ingresos, para recibir los pagos por las tarjetas. Sin embargo, recordemos que una de las cosas que he comentado para este curso es que vamos a intentar automatizar al máximo, todo nuestro proceso de venta, todo nuestro proceso de captación. En sí, nuestro flujo de venta, nuestro embudo de ventas, que funcionará de forma automática y al final en caso tal, pues nos dedicaremos única y exclusivamente a esos clientes, que son clientes de mucho valor, nuestros clientes VIP, nuestros clientes estrellas.

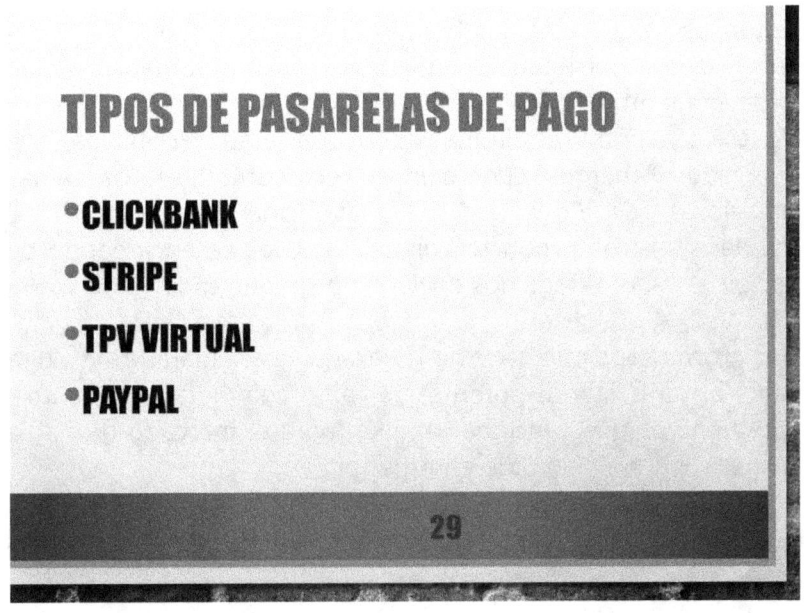

En este capítulo quiero comentarles un poco las pasarelas de pago que podemos utilizar y comentarles que como parte principal o como característica principal que debemos mirar al momento de contratar una pasarela de pago es que nos permita dentro de la configuración redireccionar a un cliente a un sitio en específico. ¿Qué quiero decir con esto? Nosotros vamos a tener nuestro producto digital, el usuario va a llegar a través del embudo, va a mirar nuestro producto digital, y un porcentaje de ellos va a decidir comprar.

Una vez que el cliente realice la compra, él necesita ser redirigido o redireccionado de forma automática a la página de descarga del producto; de ese modo nosotros estamos automatizado el proceso y nos vamos a eliminar la carga de tener que revisar que un cliente ha realizado el pago y luego ponernos en contacto con él para entregarles el producto.

Entonces, lo que estamos buscando aquí es pasarela de pagos que nos permitan configurar en automático este procedimiento.

Yo les voy a nombrar algunas de las que están disponibles en el mercado. Tenemos *ClickBank*: si recordamos en los temas anteriores, *ClickBank* es una plataforma donde podemos vender nuestros productos digitales y ellos se encargarían de recibir el pago y luego nos enviaría un cheque cada 15 días.

En alguna oportunidad he utilizado esta plataforma, una plataforma bastante potente; bastante completa, y la ventaja que tiene es que funciona también para el mercado de habla hispana, para el mercado en español.

ClickBank es una buena plataforma con el cual podríamos trabajar.

Inconvenientes: darnos de alta dentro *ClickBank*, nuestro producto tiene que ser seguir una norma, unos términos que ellos deciden que son los necesarios para validar tu cuenta, con lo cual no es muy complicado, pero tienes que tener en cuenta que ellos van a exigirte eso y adicionalmente necesitas una cuota de alta para poder utilizar el servicio.

Luego tendremos otra plataforma que se llama *Stripe*, también una plataforma que sirve para recibir pagos. Actualmente no he tenido la oportunidad de probarla, sin embargo, he escuchado muchísimo, de otros *marketers* que están utilizando esta plataforma, igual es una infraestructura para recibir pagos a través de internet. Otra alternativa que tendríamos ya dependiendo del país en que nos encontremos es el uso de pasarelas de pagos virtuales, el uso de TPV virtual, que por lo general suele ser tu banco y te va a permitir la plataforma para desarrollar esa retirada o ese cobro del producto digital a través de tu página web.

Por ejemplo, en mi caso estoy colocando aquí un banco que se llama La Caixa. Ellos tienen su plataforma para recibir los pagos de tus negocios, de tus servicios, esto por lo general suele tener una cuota de alta y un porcentaje por cada una de las operaciones que se realizan a vender.

Entonces deberías de evaluar también en tu país qué alternativas tienes disponibles para realizar el cobro de estos pagos; y, por último, estoy dejando lo que considero que es la mejor alternativa para nosotros, que no es otra cosa más que *PayPal*.

PayPal es una plataforma de recepción de pagos y de envíos de dinero que funciona muy bien y tiene muchos años en el mercado, ya una autoridad en lo relacionado al cobro de los pagos. *PayPal* a mí me gusta muchísimo como funciona, no tiene ningún tipo de cuota de alta, la forma en la que te registras es bastante sencilla, lo único que ellos cobran es un porcentaje por la operación dependiendo del importe con el que estés trabajando puede ser unos céntimos o algunos centavos dependiendo de la moneda con la que trabajes.

Entonces en *PayPal* nos vamos a dar de alta y sencillamente cuando estemos dentro de *PayPal* lo que vamos a configurar es un botón de pago con ello puede configurar botones de carritos de compra o un botón que ellos llaman comprar ahora que es un botón para una sola transacción con un importe fijo por lo general lo que nosotros vamos a utilizar es esa opción.

Vamos a crear un botón de comprar ahora, le vamos a dar el importe, le vamos a dar el nombre de nuestro producto y una vez que tengamos esa configuración.

Dentro de las opciones avanzadas de ese botón le vamos a dar la URL o la dirección de la página desde la cual se va a descargar el producto, nuestro botón va a tener dos características: evidentemente, la del cobro del importe a recibir, el importe de tu producto; y luego, una vez que el pago se haya completado se redirija al cliente a la página de descarga. De este modo estamos automatizado este proceso, logrando que funcione en piloto automático; una plataforma bastante sencilla.

Si no tienes cuenta en *PayPal,* sencillamente irías a la parte lateral derecha superior del menú, hacemos clic sobre "crear cuenta" y, a partir de aquí, vamos a llenar los datos que nos estén solicitando. Si eres persona particular crearías una cuenta personal o podrías utilizar una cuenta *Business.*

Yo diría que utilices una cuenta *Business*, es la más completa y tiene mayores funciones. Una vez que estés registrado aquí, te vas al módulo de administración dentro de la cuenta, tu perfil, y vas a administrar los botones.

Entonces allí vas crear un botón que te va a llevar de una página de captura, digamos de una carta de venta y luego una vez que el pago se haya realizado lo vas a enviar a la página de descarga.

Ya es cuestión de que revises las distintas pasarelas de pago que hay, y veas cuál es la que más se adapta a tus necesidades.

Si estás comenzando, la verdad es que la mejor alternativa sería el uso de *PayPal*, porque la verdad es que es bastante sencillo, a nivel de soporte son muy buenos y mucha gente ya conoce a *PayPal.* Entonces el utilizar un logo de ellos dentro de la plataforma o indicarle a tu cliente que están comprando de forma segura porque tú usas la plataforma de *PayPal*, es un valor agregado a nivel de darle esa confianza a tu posible cliente de que puede comprar con seguridad.

Esto es todo lo que les quería comentar sobre este tema, para ver un poco las alternativas que existen en el mercado para que puedas cobrarles a tus clientes.

Recordemos siempre que nuestro proceso de ventas va a ser: el cliente entró el embudo, se le ofreció ese producto gratuito, pasó a ser de un visitante se convierte en suscriptor y, luego, vamos a realizar esas dos ventas.
Esas ventas de un importe bastante económico para generarle la confianza necesaria del suscriptor a convertirse a cliente y una vez vamos a realizar otra venta que va a ser la de nuestro producto estrella, de ese producto VIP que es en realidad el que nos va a generar la mayor cantidad de ganancias.

Esto sería todo para el capítulo cuatro, y ya en el siguiente capítulo vamos a hablar un poco sobre el seguimiento que deberías hacer en tu sitio web, el uso de las analíticas para ver qué valores debes estar haciéndole seguimiento dentro del proceso para que lo puedas optimizar; nos vemos en el siguiente tema.
Lo que se mide se puede mejorar

Seguimiento y analíticas:

Capítulo 5 dónde vamos a hablar sobre el seguimiento. Este es el capítulo dedicado a las analíticas que necesitamos seguir dentro de nuestro sitio web para ver cómo es el comportamiento de ese visitante, para saber qué está haciendo dentro de nuestro sitio web, cuál es el contenido que más le atrae y de ese modo nosotros vamos a poder tener una evaluación constante que nos va a permitir optimizar aún más y generar contenido atractivo, una vez que sepamos cuál es el contenido que está leyendo que está digiriendo nuestro visitante.

En el capítulo 5 vamos a hablar sobre analítica y dentro de la parte de analítica lo vamos a dividir en estos cinco pequeños fragmentos; primero vamos a hablar sobre los parámetros.

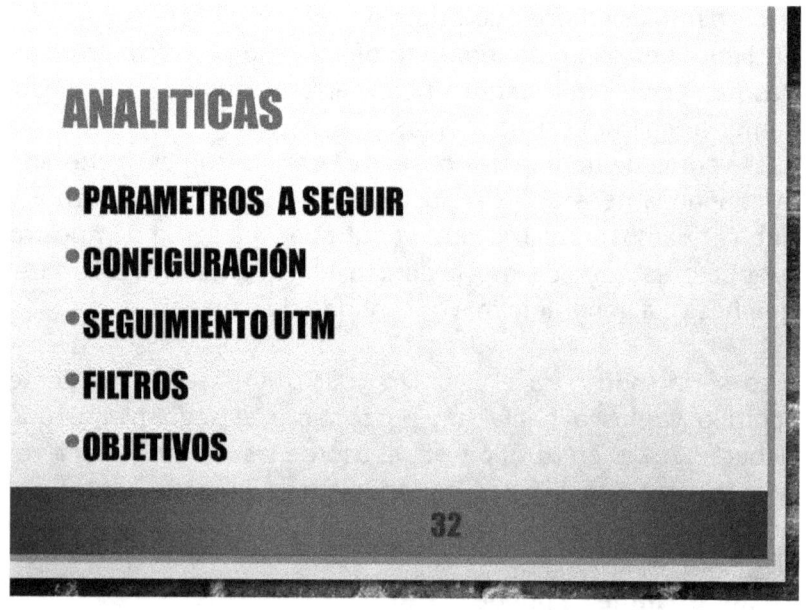

¿Qué vamos a seguir? luego comentaremos lo relacionado con la configuración, los pasos que debes seguir para configurar tu cuenta y después vamos a hablar sobre el seguimiento UTM que ya veremos lo que es, algo bien interesante y que nos va a permitir obtener una data de sitio externo a los productos de Google, y vamos a comentar sobre los Filtros y los Objetivos.

Lo primero que vamos a hablar son los parámetros que vamos a seguir y aquí me gustaría hacerles el siguiente comentario; nosotros vamos a trabajar nuestras estadísticas, nuestras analíticas con el producto de Google que se llama *Google analytics*, es una plataforma gratuita cómo prácticamente todos los servicios que ofrece Google y aquí nos va a dar la opción de seguir estos parámetros, nos van a permitir seguir a generar un seguimiento o una analítica o estadísticas, sobre los usuarios las sesiones y las interacciones.

Este es un concepto que debemos tener en cuenta ya que un usuario puede obtener o puede realizar múltiples sesiones y una sesión puede contener múltiples interacciones. Entonces nosotros dentro de nuestras analíticas vamos a seguir estos parámetros, vamos a seguir la cantidad de usuarios de sesiones, e inclusive, podríamos medir también la cantidad de interacciones.

En un principio, esto es un concepto que para muchos de ustedes puede que sea un poco denso de entender, sin embargo, lo voy a explicar con este ejemplo para que vean que es bastante sencillo: un usuario puede tener múltiples sesiones y cada sesión puede tener múltiples interacciones. Vamos hablar del ejemplo que les comenté del restaurante; supongamos que un visitante, un usuario llega a un restaurante, ese restaurante va a ser el equivalente a nuestro sitio web, sin embargo, ese visitante puede ir en varias oportunidades al restaurante cada visita a ese restaurante lo vamos a considerar como una sesión; es por eso que decimos que un usuario puede tener múltiples sesiones.

Si esto lo llevamos a nuestro sitio web, queremos decir, que un visitante puede venir varias veces a nuestro sitio web y cada vez que nos visita se va a contabilizar como una sesión.
Entonces un usuario puede tener múltiples sesiones. Si nos vamos al ejemplo, el visitante, o la persona, o el cliente puede ir a ese restaurante en distintas ocasiones, inclusive el mismo día puede ir varias veces a visitar este restaurante. Una vez que está dentro del restaurante él puede realizar distintas tareas o distintas actividades.

Pongamos el ejemplo que ese usuario vino la primera vez al restaurante se sentó, pidió la carta, se tomó un café y se marchó.

Al día siguiente ese mismo visitante viene nuevamente a nuestro restaurante, pero esta vez pide una bebida, pide un almuerzo y al final culmina con un postre.

Del mismo modo tenemos a ese mismo visitante, ya ha pasado por nuestro sitio web; por nuestro restaurante dos veces con lo cual un visitante a generado dos sesiones y en dentro de cada sesión realizó distintas interacciones.

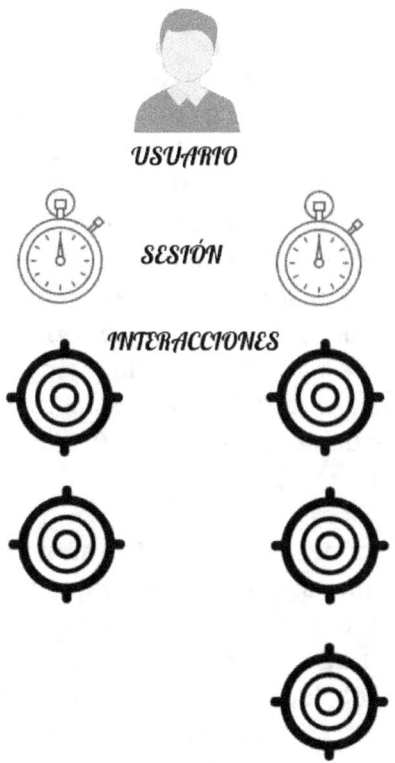

La primera visita se tomó un café y la segunda visita almorzó, pidió postre, realizó otra actividad adicional, entonces por eso es que le comentaba que un usuario puede tener múltiples sesiones y una sesión puede contener múltiples interacciones. Quiero que se queden claros con este concepto, ya que dentro de *Google analytics* ustedes pueden evaluar esos tres parámetros; el parámetro de usuario, el parámetro de sesiones y el parámetro de interacciones. Lo siguiente que vamos a comentar en este módulo es la configuración y registro de la cuenta.

Como ya les comenté, vamos a trabajar con *Google analytics*, las personas que no lo conocen, vamos a ir a *Google google.com/analytics*, y una vez que nos encontremos aquí vamos a comenzar o vamos a realizar el proceso de registro. Iríamos al lateral derecho superior y vamos a hacer clic en el botón, cree una cuenta, en caso tal de que ya dispongas de una cuenta, le decimos iniciar sesión una vez que tenemos esta cuenta o una vez que accedemos a la cuenta para configurarlo y hacer el registro necesitaríamos completar los siguientes datos: el nombre de la cuenta que será un hombre que nos sirva como referencia al momento de intensificarla dentro del menú *de Google analytics*, debido a que *Google analytics* nos va a permitir hacer seguimiento de hasta 100 cuentas dentro de tu sesión como con correo electrónico.

Quiere decir que podríamos poner 100 sitios web para hacerle seguimiento con una sola cuenta entonces vamos a llenar los datos, llenaremos el nombre de la cuenta qué es el nombre que nos va a servir de referencia. Vamos a introducir el nombre de nuestro sitio web, luego vamos a llenar un campo con la *Url* de nuestro sitio web con la dirección de la web, también vamos a colocar la categoría del sector que nos va a presentar un listado de opciones donde vamos a seleccionar, pues sí es una empresa o en qué sector es en el que uno se dedica, si es el Industrial etc....

Por último, vamos a seleccionar una zona horaria, esta zona horaria es importante que se configure en el sitio en el que te encuentres o en el sitio que tú quieras que contabilice el informe. Por ejemplo, en mi caso yo resido en España, sin embargo, tengo clientes en distintos países del mundo. Cuando yo les creo su cuenta de seguimiento a través de *Google analytics*, yo les configuró la zona horaria dependiendo del país en que el cliente se encuentre de este modo, el rastreo y el informe que genere cada día va a ser lo más cercano, o lo más acertado posible, al sitio en el que reside mi cliente. En tu caso si vas a llevar solamente la web personal de tu negocio deberías configurarlo en la zona horaria en la que te encuentras

Estos son los pasos que deberíamos de seguir para registrarnos. Una vez registrados creamos esa cuenta y le decimos a la web qué queremos seguir y nos va a generar un fragmento de código, ese código lo vamos a copiar y lo vamos a pegar en cada una de las páginas a las cuales queremos hacerles seguimiento de *Google analytics*, que en mi opinión personal deberíamos de hacerle el seguimiento a todas las páginas. De este modo vamos a saber qué es lo que nos está funcionando y que es lo que no funciona.

Esto nos va a permitir saber el tráfico que está llegando, la cantidad de sesiones de usuarios, la cantidad de usuarios, la interacción de sus usuarios. Todo esto funciona muy bien con las visitas, e inclusive, si estamos utilizando algún tipo de producto de Google. Pongamos el ejemplo que estamos haciendo una campaña publicitaria a través de *Google adwords*; yo les había comentado sobre *Google adwords* cuando hablamos de las palabras claves, dónde podríamos buscar esas palabras claves; sin embargo, *Google adwords* es la plataforma de Google para contratar publicidad de pago por clic.

Estos dos productos *Google analytics* y *Google adwords*, pertenecen a la misma empresa y ellos de algún modo se vinculan. Si tenemos una campaña publicitaria en *Google adwords*, una vez que accedemos a nuestras analíticas a través de *Google analytics*. Vamos a poder ver el tráfico que está llegando a través de nuestra campaña publicitaria con *Google adwords*, lo cual está bastante bien, porque vamos a poder darle seguimiento, ver el rendimiento de esa campaña, las palabras claves que estén utilizando para llegar a nuestro sitio web, el importe que estamos pagando por cada clic.

El hecho que estén conectadas estas dos plataformas entre sí, nos va a dar muchísima información de valor para poder hacer un seguimiento y tomar decisiones correctas sobre cómo vamos alinear en nuestro negocio para aumentar el rendimiento. Todo lo que se puede medir se puede mejorar, porque vamos a saber cuáles son las acciones que están funcionando y cuáles son las que no nos están funcionando. Tenemos que buscar la manera de hacerle un seguimiento a todas las acciones de marketing a todas las acciones de promoción que estamos realizando en nuestros sitios web y a su vez, deberíamos ver ese seguimiento en nuestras analíticas de Google para solucionar este problema.

Si queremos hacer un seguimiento de un producto que no sea de Google, supongamos, que tenemos una campaña de publicidad dentro de Facebook y quiero saber cuántas personas llegan a mí sitio web a través de esa campaña publicitaria; sería lo más lógico tratar de obtener la mayor cantidad de información posible para poder tomar las decisiones correctas en cada uno de los pasos.

¿De qué manera puedo hacer un seguimiento de mi campaña de publicidad en Facebook y que se me muestre en las analíticas de mí sitio web en mi cuenta de *Google analytics*?

Pues para eso la solución que tenemos, y es uno de los ítems que vamos a hablar en este capítulo, me refiero al código de seguimiento *UTM*.

El código de seguimiento *UTM*, es un enlace que nosotros vamos a construir y nos va a permitir agregar parámetros a esa *Url*; nos va a permitir los parámetros, pero en este caso de campañas publicitarias personalizadas como el ejemplo que habíamos puesto de Facebook.

Pongamos otro ejemplo: nosotros realizamos un *mailing*, mandamos un correo electrónico a una base de datos y queremos saber cuál es la respuesta de esa campaña de *mailing*, queremos saber cuántas personas hicieron clic en el enlace que está dentro del correo electrónico.

Para eso vamos a utilizar el código de seguimiento UTM.

Entonces el código de seguimiento UTM, no es otra cosa que un enlace que vamos a generar, y que nos va a permitir, nos va a dar la posibilidad de asignarle ciertos parámetros, de darle algunos valores. La manera más sencilla para realizar esto, ya que muchas veces la gente se suele enredar un poco a la hora de hacer este código es ir a la dirección:

https://support.google.com/analytics/answer/1033867?hl=es

y en esta dirección vamos a conseguir un generador de *Url*, *UTM*. En esta página nos explica un poco para que podríamos utilizarlos, lo mismo que hemos hablado anteriormente, para hacer este seguimiento de campaña publicitaria, correo electrónico etc...

¿Cómo vamos a realizar este enlace?

Podemos ver que tenemos un formulario para generar un creador de *Url*. Dentro colocaríamos nuestro sitio web y podremos llenar los distintos Campos que tenemos como la Fuente la campaña, el medio de la campaña etc...

Para que lo veamos más claros, pongamos el ejemplo de qué estamos haciendo una campaña publicitaria para un sitio web a nuestra escuela de marketing, vamos al generador de *Url* y comenzamos a rellenar los datos (*Url*, fuente de la campaña, nombre de la campaña) le damos a generar *Url* y al final nos proporciona la *Url* creada con los parámetros *UTM*, donde tenemos una campaña dentro de Facebook, de tipo de pago por clic y que sería nuestra campaña de verano.

Una vez que comenzamos a hacer nuestra Campaña publicitaria, en vez de promocionar nuestro enlace, voy a utilizar el enlace que se me ha generado anteriormente.

De este modo, cuando revisemos nuestras estadísticas en *Google analytics*, vamos a tener la opción de ver en las campañas, una nueva campaña que va a tener la información que viene de Facebook a través de mi publicidad de pago por clic.

Apoyándonos en este generador enlace, que es muy sencillo utilizar, nos vamos a dar cuenta del poder que tenemos, de hacerle seguimiento a todas las estrategias que hagamos hacia nuestro sitio web.

Pongamos el ejemplo, que vamos a hacer una campaña impresa en un periódico.

Normalmente en los medios impresos, en los medios fuera de línea para hacer marketing offline, digámoslo así, es muy difícil hacer un seguimiento de ver si te funciona o no.

Sí nosotros crearemos un enlace de este tipo y en nuestra publicidad utilizáramos un código *QR* sobre este enlace; pues tendríamos una analítica, un conteo o unas estadísticas de los visitantes que nos están llegando a través de ese anuncio publicitario. El código *UTM* es bastante poderoso, nos va a poder definir muy bien el comportamiento de esos usuarios a través de otros medios que no sea los pertenecientes a Google, como *Google adwords* y nos va ayudar a tomar decisiones, alinear nuestro negocio, ver qué podemos hacer para ir mejorando siempre, e ir optimizando todo nuestro negocio online.

Lo siguiente que queremos comentar sobre *Google analytics* son los Filtros. Los filtros no son más, que las opciones que nos da *Google analytics* para excluir cierto tipo de información.

Mientras más exactas sean las estadísticas que tengamos en nuestra web, mejor vamos a poder optimizar el contenido y el tráfico que va a llegar a esa web, va ser el tráfico real.

Dentro de estos filtros lo que vamos a poder es excluir cierto tipo de tráfico, por ejemplo, yo suelo utilizar en mis proyectos y los de mis clientes, que genere un filtro donde se elimine el tráfico que venga de mi dirección IP.

Si bien saben, cuando nos conectamos a internet a través de un router, este tiene una dirección que va a ser única; esa es la dirección IP. Si nosotros conocemos esa dirección IP, podríamos generar un filtro dentro de nuestra cuenta de *Google analytics* para que excluya todo el tráfico que viene de ese IP.

De este modo vamos a eliminar nuestras visitas del reporte, y vamos a tener un reporte más cercano a la realidad pues el tráfico que se va a mostrar ahí, es el tráfico que viene de los visitantes reales y no contabilizará el que estamos realizando nosotros. El uso del filtro, nos va a permitir tener una información más acertada y cercana a la realidad. Todo eso lo podremos hacer dentro de *Google analytics* en la parte de administración.

En cuanto lo referente de las estadísticas hablaremos sobre el uso de los objetivos. En el módulo de administración de tu cuenta de *Google analytics*, vas a tener una pestaña de objetivos; en estos objetivos vamos a poder crear alguna secuencia del comportamiento y que lo contabilice como un objetivo completado.

Pongamos como ejemplo que dentro de nuestra estructura tenemos un tráfico que llega a través de nuestro blog, nuestro sitio web, ese tráfico va a hacer clic en el *Call To Action* que tenemos al final de cada artículo, lo va a enviar a una página de captura; un *landing page*.

De esta manera nosotros dentro de las estadísticas sabemos cuántas personas están llegando a la *landing page*. ¿Pero cuántas personas se convierten en sus suscriptores? Si bien es cierto, podemos ver las estadísticas dentro de la plataforma que nos está funcionando como almacenaje de esa base de datos de correos; o podríamos generar unos objetivos dentro de *Google analytics*, donde le vamos a decir: el tráfico que vengan de *la landing page* hacia el *thank you page*, lo vamos a contabilizar como un objetivo.

De este modo, vamos a poder generar un informe que se asemeja al embudo de conversión. En el ejemplo estamos viendo la cantidad de visitas que llegaron al formulario contacto y la cantidad que completaron, o enviaron un mensaje a través e de ese formulario, esto nos sirve para sacar números y ver las estadísticas.

Podemos determinar el número de personas que llegan a nuestra oferta y el número de personas que se convierten en suscriptores o clientes, ver las visitas que llegan al formulario de contacto desde distintas páginas; con lo cual vamos a saber cuál es nuestra ratio de conversión.

¿En qué nos va a ayudar esto?

Una vez que tengamos nuestro negocio andando y generando tráfico, esto nos va a permitir hacer una proyección de ganancias de nuestro negocio online.

Saber, por ejemplo, si de 100 visitas que llegan a mi blog; qué porcentaje de visitas llega a mi página de aterrizaje y qué porcentaje de ellos se convierte en suscriptores, con lo cual puedo ir haciendo una previsión.

Si necesito 20 suscriptores para generar una venta y sé que mi página de aterrizaje convierte en un 10%; pues necesitaría 200 visitas al blog para conseguir esos 20 visitantes.

Esto sería un poco el concepto y la fórmula que podrías implementar dentro de *Google analytics* para nuestro sitio web.

Ya sabemos que al sitio web tendremos la posibilidad de hacerle un seguimiento de todas las acciones que se realizan dentro del *Blog*, dentro de la página; del comportamiento del usuario, la sesión que va a realizar y las interacciones que va a tener dentro del sitio web.

Crear esos filtros para el tráfico que llegue a esos reportes sea un tráfico real y crear estos objetivos que nos van a dar información suficiente para hacer proyecciones sobre nuestro negocio.

Esto sería todo lo relacionado al capítulo 5, en cuanto a la parte analítica y estadística y en el siguiente tema pasamos al capítulo 6, dónde vamos a hablar sobre cómo poner nuestro negocio en piloto automático.

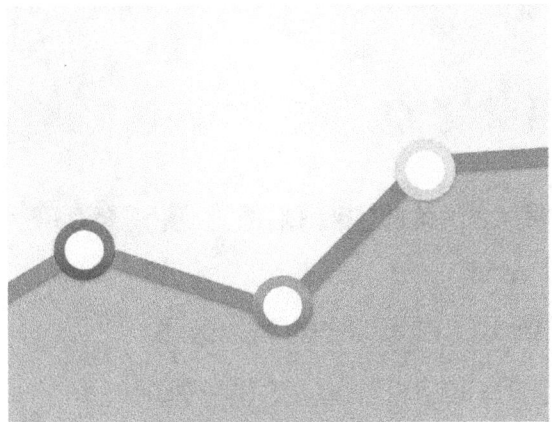

analítica y estadística

Tu Negocio en Piloto Automático

En este capítulo vamos a hablar sobre cómo configurar nuestro negocio para que funcione en piloto automático.

Ver un poco sobre como automatizar todo ese proceso de venta, utilizar de los *autorespondedores* para automatizar ese proceso y sobre cómo podemos entregar los productos digitales de forma automática, para que funcione nuestro negocio sin que nosotros tengamos que estar constantemente haciendo el seguimiento a las ventas para entregar el producto.

6- TU NEGOCIO EN PILOTO AUTOMATICO

- **COMO AUTOMATIZAR TODO EL PROCESO DE VENTA**
- **EL USO DE AUTORESPONDEDORES**
- **ENTREGA DE PRODUCTOS DIGITALES EN AUTOMATICO**

39

¿Cómo podemos automatizar, cómo vamos a automatizar todo el proceso de venta? Si retomamos un poco lo que hablamos al principio del entrenamiento en el mapa de nuestro negocio, habíamos hablado que teníamos una oferta gratuita, una primera venta y una venta estrella.

Todo esto lo atraíamos a través de un *blog*, con lo cual nosotros íbamos a generar tráfico a través del marketing de contenido, a través de esos artículos que se van a posicionar dentro de nuestro sitio web. Una vez que estuvieran ahí, al final de estos artículos le haríamos una oferta, una llamada a la acción hacia nuestro producto gratuito.

Luego que ese visitante se convirtió en suscriptor, lo vamos a pasar a una base de datos. En esa base de datos vamos a comenzar a enviarle mensajes a través de correo electrónico con la finalidad de que este visitante se convierta en nuestro cliente; en nuestro primer producto.

Le vamos a ir enviando mensajes hasta que él quedé convencido y compré este producto, que tiene un importe bastante bajo. Recordemos que lo que queremos es crear un compromiso para que pruebe nuestro producto, para que vea que le aportamos mucho valor y rompa ese miedo de realizar una compra a través de nuestro sitio web.

Ya cuando tenemos este cliente en nuestra segunda oferta, pasa a formar parte de una base de datos nuevas donde vamos a almacenar única y exclusivamente a las personas que comprar nuestro producto y nuevamente vamos a comenzar a comunicarnos con él enviando correos electrónicos.

Los correos electrónicos van a estar pensados siempre para qué el cliente se mueva a la nueva base de datos, al último producto que va a ser nuestro producto estrella, que será el que en realidad nos genere ganancias y lo Almacenaremos en una base de datos VIP qué será el pilar de nuestro negocio.

EL USO DE AUTORESPONDEDORES

- CREANDO TU LISTA
- COMO COMUNICARTE CON TUS LISTAS

41

¿Cómo podemos automatizar este proceso?

Este proceso lo podemos automatizar a través del uso de *autor respondedores* que son unas plataformas desde las cuales nosotros podemos crear todo este proceso.

Vamos a crear los formularios para que se suscriban, van a poner su nombre, su correo electrónico y nosotros vamos a poder diseñar un sistema de auto respuesta para que le vaya llegando mensajes a cada uno de nuestros visitantes en un orden específico. Podemos decir que la persona que se suscribe hoy, va a recibir 5 correos a lo largo de toda la semana.

Para este proceso vamos a utilizar las secuencias de los *auto respondedores* para comunicarnos con nuestras listas.

¿Qué tipo de listas vamos a necesitar? Lo nombrábamos anteriormente en el mapa de nuestros negocios, son tres tipos de listas, una de suscriptores, una lista de clientes y una lista de clientes VIP.

En nuestra lista de suscriptores, vamos a almacenar las personas que vienen desde el blog y deciden descargarse nuestro soborno ético.

Esto nos va a permitir que la gente que visitó el blog y vio la llamada a la acción del *Call To Action* al final de cada uno de los artículos de interés, lo leyó, hizo clic en el anuncio; llegó a nuestra página donde ofrecemos ese soborno ético y se suscribe pasando a formar parte de esa base de datos.

Desde este punto nosotros vamos a tener la posibilidad de comenzar a generar esa comunicación, comenzar a enviarle esos correos electrónicos y será la primera lista que nos va a servir para almacenar a los suscriptores.

Luego vamos a tener una lista de clientes qué es donde vamos a almacenar todos esos escritores que se convierten en clientes del producto de bajo costo y entraremos nuevamente a realizar la comunicación.

En este punto va a ser un poco distinta, pues logramos que ese suscriptor dejara de ser tal, y a partir de aquí el tipo de comunicación que vamos a generar es la de ir preparándolo para la siguiente compra, para que se convierta en nuestro cliente VIP que será el cliente con el cual haremos negocios, creceremos y generaremos ganancias.

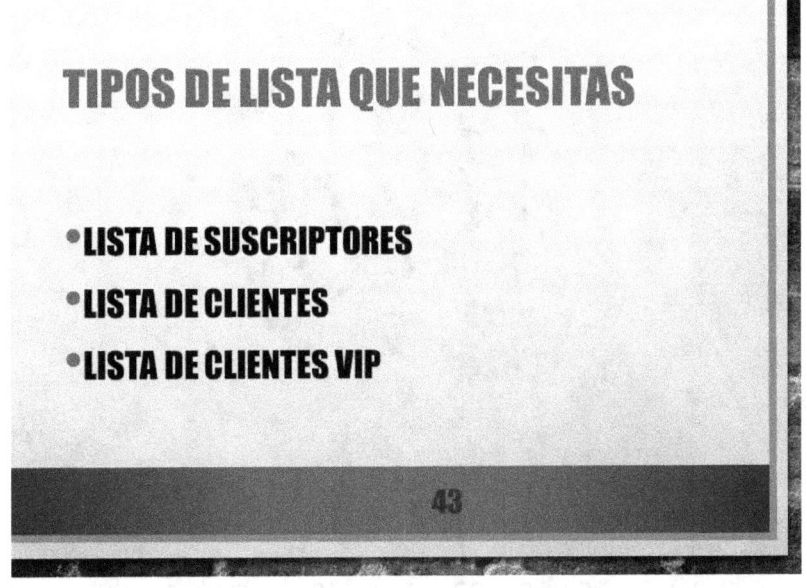

TIPOS DE LISTA QUE NECESITAS

- **LISTA DE SUSCRIPTORES**
- **LISTA DE CLIENTES**
- **LISTA DE CLIENTES VIP**

43

Te estarás preguntando ¿Cómo comunicarte con tus listas?

Tenemos tres tipos de listas y cada una con sus características por las personas que conforman las bases de datos y para ello utilizaremos dos tipos de comunicaciones; una denominada *Soft Selling* (venta suave) y otra que se denomina *Hard Selling* (venta más agresiva más fuerte).

Partimos de la primera base de datos que va a contener a nuestro suscriptor que era visitante del Blog y ahora se descargó nuestro soborno ético.

A partir de aquí, nuestra misión en esta etapa, es posicionarnos como expertos del sector, generar confianza aportándole valor a ese suscriptor e irlo preparando para la primera compra. Este es el punto donde le enviaremos artículos informativos y al final de cada uno, le vamos hacer referencias hacia nuestro producto de valor económico, de poco valor.

En esta fase el tipo de mensaje que debemos enviarle, es un tipo de mensaje que le haga ver que tiene una necesidad, hacerle entender a este visitante que tiene un problema que puede quedar solucionado a través de nuestro producto, de ese primer producto. Le hablaremos un poco informándole, creándole esa necesidad y lo iremos moviendo hacia la siguiente etapa, una vez que compre que conformara una segunda base de datos de clientes.

¿Qué tipo de mensajes deberíamos enviarle a esta otra base de datos? Como ya él cliente nos compró; ya él detectó que tiene una necesidad, que existe un problema y detectó que nuestro producto era una alternativa para solucionarlo. Por lo cual generamos cierto nivel de confianza y posicionarnos como expertos rompiéndose esa barrera de suscriptor a clientes; ya el confío lo suficiente en nosotros como para comprar nuestro producto.

Desde este momento ya no es necesario crearle la necesidad al cliente, porque ya lo hicimos en la etapa anterior y podemos realizar ese *Hard Selling*; esa venta más fuerte donde necesitamos darle una explicación de los beneficios que puede obtener si compra nuestro producto estrella.

Vamos a hablar mucho sobre características y beneficios de nuestro producto estrella. Seguiremos enviándole información para educarlo, pero ya enfocado más a solventar su situación y es ese el tipo de mensaje que vamos a utilizar aquí.

En esta secuencia de correos también podemos añadir casos de estudio de personas que ya hayan utilizado el servicio o producto que estamos vendiendo y solucionado sus problemas.

Podemos incluir algún testimonio de un cliente que haya quedado satisfecho con nuestros servicios y al final de cada uno de estos mensajes vamos a ofrecer una venta directa de nuestro producto estrella.

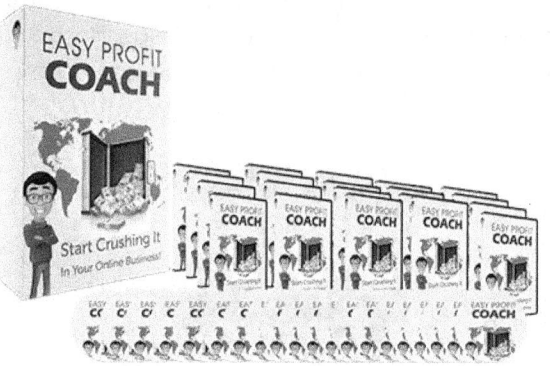

Por último, vamos a tener esos mensajes a los clientes VIP, ya está base de datos es de la persona que confía en nosotros, que se convirtió en nuestro cliente, que sabe quiénes somos. Estamos posicionados como expertos, entonces vamos a ofrecerle una experiencia excepcional; logramos convencer a ese cliente para que se convirtiera en nuestro cliente y comprar nuestro producto.

A partir de este momento necesitamos darle un servicio de muy alto nivel a través de la base de datos.

Ofertarle nuevas promociones, *Upgrade* del servicio que hayan contratado; servicio de actualizaciones, darle soporte, notificaciones de su servicio; tenemos que intentar fidelizar al cliente, que se convierta en un evangelizador de nuestra marca, de nuestro servicio, de nuestro sitio web.

Es un cliente que debemos tratar con mucho cariño y darle mucho valor y calidad de la información que le estamos enviando pues se va a convertir en un cliente satisfecho.

Una vez que el compre nuestro producto y vea toda la información que le estamos enviando, sepa que puede contar con nosotros ante alguna duda, nosotros vamos a darle un buen soporte; mantenerlo informado sobre nuevas actualizaciones y será un cliente que promueva nuestra marca y nos refiera y recomiende, porque una venta que venga con una recomendación es una venta mucho más fácil.

Todo este proceso lo vamos a hacer en automático.

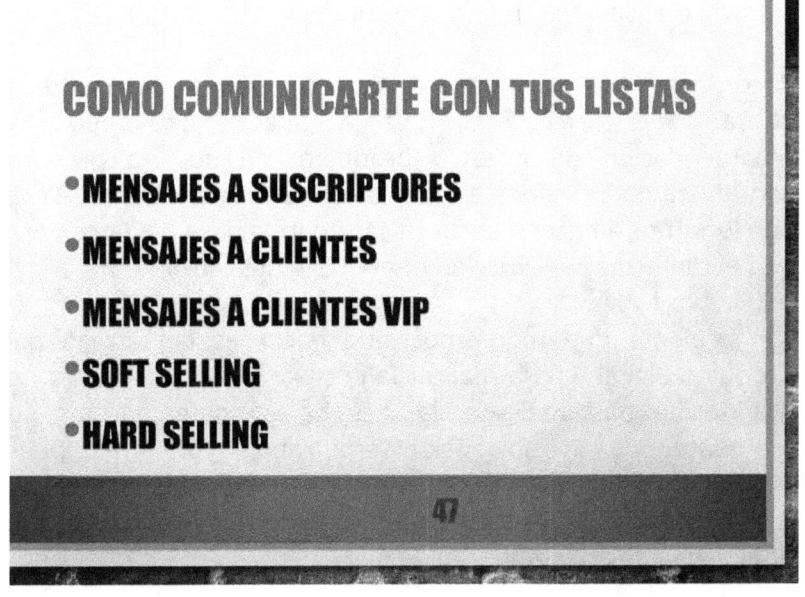

La estructura completa partiría de que tenemos un blog, tenemos una oferta gratuita, una oferta de pago y una oferta de nuestros productos VIP.

Todo esto será nuestro embudo, nuestro proceso de venta ira moviéndose por cada una de las etapas y al final nos quedaremos con ese cliente estrella.

En este punto generamos tráfico desde nuestro blog, funciona en automático, se suscriben a nuestra base de datos, tenemos un sistema *auto responded*or para enviar esos mensajes y correos de forma automática; pero nos queda ver cómo podemos automatizar la venta.

Recuerdan que, en el capítulo anterior relacionado a los pagos, le comenté que nos iba a hacer falta un servicio, que no permitiera de redirigir a ese cliente una vez que realizará un pago; eso lo necesitamos para el funcionamiento de este negocio que se hace en forma automática.

Recordemos que en la primera secuencia de correos vamos a utilizar *Soft Selling*; esa venta suave, una pequeña recomendación de nuestro producto, de nuestra primera venta; y también vamos a tener la venta fuerte, el *Hard Selling* que lo vamos a hacer a partir de la segunda base de datos para que el cliente se convierta en nuestro cliente estrella.

Lo siguiente que tendremos que hacer es la entrega del producto digital y para realizar la entrega lo vamos a hacer de una forma bastante sencilla. Les había comentado en su momento, que la mejor opción sería trabajar con *PayPal*; pues nos va a permitir, que el tráfico que nos venda desde las listas de correo hacia las ofertas siguientes; lo haremos hacer llegar a una página de aterrizaje.

En esa página vamos a tener lo que se conoce como una carta de venta, dónde hablaremos sobre las ventajas de nuestro producto, los beneficios que tiene, las características y al final va tendrá un botón para poder comprar ese producto.

Todo el tráfico que estemos generando desde nuestra lista de correos, ya sea para la venta del primer producto, nuestro producto VIP; lo vamos a hacer a través de esta página de aterrizaje.

Aquí intervienen dos procesos más, una vez que el cliente hace clic sobre el botón de compra; es redirigido a la página con la pasarela de pago. Ponemos el ejemplo que estamos trabajando con *PayPal*.

El cliente compra y una vez que compra y la transacción se realiza de forma correcta; *PayPal* lo envía de forma automática a una dirección que nosotros le demos.

La dirección que vamos a trabajar aquí, será de una página de agradecimiento, lo conocido como un *Thank You Page*, donde vamos a felicitar al cliente por la adquisición del producto, le vamos a dar las instrucciones sobre cómo adquirir o descargar el producto e incluir el producto o un botón de descarga. Este sería el proceso para que funcione de forma automática.

Por encima de esto vamos a tener nuestro embudo, nuestro blog, nuestra oferta gratuita, la primera oferta y la oferta de nuestro cliente VIP. Entre una fase de compra y otra vamos a tener el procedimiento anterior, lo vamos llevaremos a través de una página de aterrizaje con nuestra carta de venta, botón de compra qué irá a la pasarela de pagos encargada de recibir el pago del cliente y revalidar toda la operación, redirigiendo hacia la página de agradecimiento desde la cual va a poder descargar su producto digital.

Tenemos claro que para realizar la entrega de nuestro producto digital de forma automática vamos a utilizar la pasarela de pago y para comunicarnos con nuestro futuro clientes utilizaremos las plataformas de los *auto respondedores*, de estos respondedores de correo electrónico.

Comentar que hay algunas empresas que se dedican a esto; podemos hablar de *GetResponse*, que es bastante conocida; *Mailchimp* que es una plataforma gratuita hasta los 2000 suscriptores y podemos utilizar también una plataforma que se llama *Aweber*.

En cuanto al capítulo 6 esto sería todo, sabemos que con un *auto respondedor* y una pasarela de pago virtual vamos a poder generar todo este proceso, todo este embudo; este proceso de venta de forma automática. Esto es todo en el capítulo 6 y en el capítulo 7 les voy a dar unos pequeños tips sobre cómo podemos acelerar todo este proceso para la generación de tráfico y la generación de suscriptores.

El Maximizador de Ganancias

Estamos ya en el capítulo número 7, nos acercamos al final del libro y en este capítulo, que he denominado el maximizador de ganancias, aunque bastante sencillo, es una idea que les puede servir para acelerar el tráfico de forma exponencial y sin la necesidad de invertir dinero en la generación de ese tráfico, un tráfico que vamos a hacer a través de campañas pagadas.

Sin embargo, vamos a lograr conseguir esa publicidad de una forma prácticamente gratuita, lo que queremos es desarrollar una campaña de publicidad que nos sirva para acelerar el tráfico y no nos cueste dinero.

http://bit.ly/1000-semanales

¿Cómo vamos a desarrollar ese tráfico de forma exponencial?

7- MAXIMIZADOR DE GANANCIAS

- **ACELERAR EL TRAFICO DE FORMA EXPONENCIAL**
- **COMO CONSEGUIR PUBLICIDAD GRATUITA**

54

Lo haremos a través de campañas de pago por clic.

El pago por clic, forma parte de lo que es el *Search Engine Marketing* y vamos a promocionar nuestro sitio web a través de campañas publicitarias que podemos contratar a través de distintas plataformas en internet, como redes sociales, donde pagaremos cada vez que alguien haga clic en nuestro anuncio.

¿Qué plataformas podríamos utilizar para desarrollar nuestras campañas de pagos por clic? Hay muchísimas plataformas tanto de habla inglesa como de habla hispana para desarrollar este tipo de plataformas.

Las más comunes son; *Google adwords*, que es la plataforma que nos va a permitir generar ese tráfico de forma pagada. Tendremos la posibilidad de crear un anuncio y dirigirlo hacia nuestra página de aterrizaje para captar suscriptores.

Google adwords se va a mostrar en la página de resultados en el buscador y ellos también tienen una red de afiliados que muestran sus anuncios. También el equivalente a *Google adwords*, pero en la plataforma *MSN* se llama *Bing Ads* y la ventaja de utilizar esta plataforma, si bien es cierto *Bing* no genera la misma cantidad de tráfico que genera Google; pero la publicidad dentro del Ad center de Bing es mucho más económica que lo que puedas invertir en *Google adwords*, por lo que no deberíamos de dejar pasar la oportunidad de evaluar esta plataforma como una posible opción para generar nuestras campañas de promoción por pago por clic.

A nivel de buscadores vamos a poder utilizar el *Google adwords* o *Bing Ads Center* para promocionarnos dentro de Bing.

Cabe destacar que las publicidades que se contratan a través de Bing, también se muestran en el motor de búsqueda de Yahoo. La misma plataforma te sirve para promocionar los negocios en los dos buscadores.

En redes sociales también se nos permite realizar la contratación de publicidad de pago. En este caso también vamos a seleccionar las campañas de pago por clic, para única y exclusivamente, pagar el anuncio cuando la persona haya hecho clic sobre nuestro botón y haya llegado a nuestra página. Puedes encontrar la página de empresas dentro de Facebook que te permite crear los anuncios.

Si tu empresa o el servicio que tú quieres promocionar, se dedica más a hacer el negocio entre empresas, yo te recomiendo que utilices más la publicidad dentro de *LinkedIn*.

Es una publicidad un poco más costosa que otra plataforma, pero tienes una muy buena segmentación si tu nicho de mercado se enfoca en el *Business To Business*; si tú nicho de mercado se enfoca a empresas. También tenemos *Twitter*, que tiene su plataforma, publicitaria donde iríamos a ads.twitter.com y de allí también podríamos promocionar nuestros *tweets*.

Podemos hacer un *tweet* que hable sobre nuestro producto, nuestros servicios y los enviaríamos hacia esta página. Debe de quedarles el concepto, de que, para acelerar el tráfico de forma exponencial dentro de nuestro negocio, lo haremos a través de las campañas de pago por clic, que es mucho más rápido.

Se le asigna un presupuesto, se activa la campaña y en un par de horas se comienza a generar tráfico hacia tu web; lo cual es una alternativa que te va ayudar a acelerar muchísimo tu negocio de forma exponencial, porque es un tráfico que se genera inmediatamente. La desventaja en un caso normal es que tendrías invertir un presupuesto y dependiendo de la etapa la que te encuentres, puede ser un mayor a un menor presupuesto.

Lo que quiero mostrar en este capítulo 7 es: de qué manera podemos utilizar nosotros el embudo de ventas para que esta publicidad nos salga de forma prácticamente gratuita. Les recuerdo, que nosotros vamos a atraer tráfico de forma natural a través de nuestro blog, vamos a tener una oferta gratuita y a tener una oferta de pago.

En nuestro blog vamos a tener nuestro contenido, pasaremos a nuestra oferta gratuita y luego tendremos nuestra primera venta de un pequeño importe económico.

¿De qué manera estaremos generando tráfico hacia nuestra web? Estaremos generando artículos en nuestro blog, que sean atractivos, que tengan informaciones de valor y estén optimizados para los motores de búsqueda. De este modo posicionaremos nuestras páginas a los primeros rankings de resultados de Google y generaremos tráfico, que llegaran a nuestra página de captura, a ese soborno ético que ofrecemos de forma gratuita.

Una vez que posicionemos nuestra página y generemos tráfico, un porcentaje de las visitas gratuitas pasarán hacer esos primeros dientes que generan una pequeña ganancia, las cuales reinvertiremos en publicidad de pago.

Contrataremos unos anuncios con campaña de pagos por clic y todo el dinero que entre de estas ventas lo reinvertiremos nuevamente en las ofertas gratuitas en pagos por clics.

Es aquí donde está la magia, generando campañas de pagos desde las pequeñas ganancias obtenidas y reinvirtiéndolas nuevamente, maximizando el tráfico en forma de bucle; haciendo de este una bola de nieve, de forma tal que llegará el momento en que el tráfico se convertirá, cien por ciento de manera gratuita, siendo generado por el blog y la campaña por clic desarrollada en la primera venta.

Lo anterior creara la confianza suficiente para que el visitante se convierta en cliente, una manera muy efectiva que no nos costara dinero y potenciara el crecimiento acelerado de nuestro negocio.

Pasaremos entonces, en el siguiente capítulo a comentarles algunas ideas y herramientas que necesitamos para desarrollar esos productos digitales.

Creando Tu Producto

Llegamos al último capítulo de este entrenamiento. En el capítulo número 8 hablaremos, sobre algunas ideas qué podemos utilizar para crear nuestros productos. Recordemos que, a lo largo de todo este proceso, necesitamos crear tres productos distintos.

Necesitaremos crear el primer producto que vamos a regalar, el soborno ético, luego un producto entrada y por último un producto estrella que será el que nos generara esas ganancias que nos harán crecer como negocio. Hablaremos entonces, sobre el soborno ético, que tendrá como características ese imán. En esta etapa del embudo no es necesario realizar un producto que te quite mucho tiempo desarrollarlo. En la parte del soborno ético, lo que necesitamos es crear un producto que sea atractivo para el cliente y fácil de dirigir, algo rápido, sencillo que sirva para darle a él la información sobre su nicho de mercado y a nosotros nos sirva para capturar ese correo electrónico, el nombre y comenzar a formar nuestra base de datos.

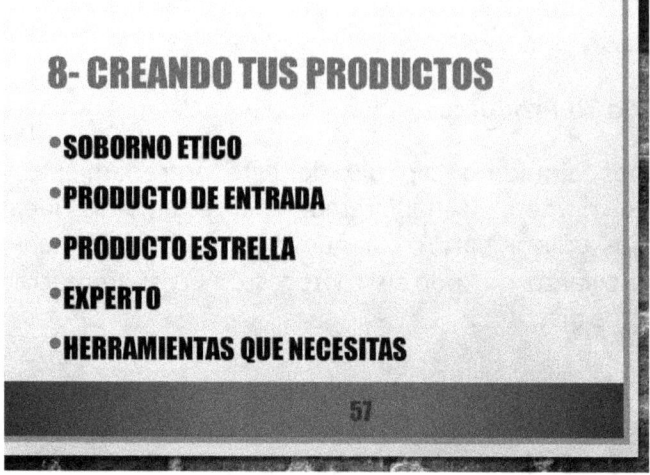

¿Qué tipo de producto podemos incluir dentro del soborno ético?

 Podemos hablar de algunas pequeñas listas de recursos, incluir algún pequeño *ebooks* de unas 15 a 20 páginas como mucho; realizar algún tipo de audio, pequeño video corto; más menos, ese tipo de producto es el que podemos emplear en etapa de soborno ético.

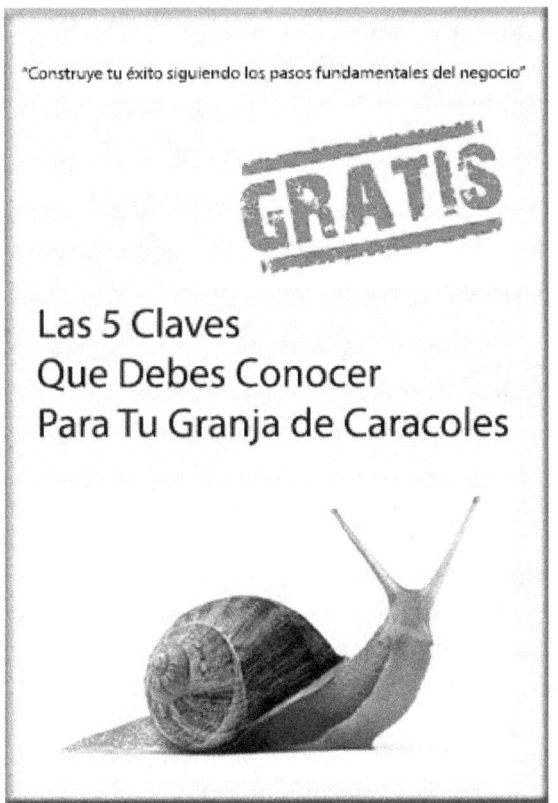

Ejemplo producto para soborno ético

Luego para productos entradas si estamos buscando algo que sea de mucho valor para el cliente. Este es un producto que te va a llevar un poco más de tiempo desarrollarlo, pero recordemos que aquí queremos que el cliente, ese escritor que se convierte en cliente, haga ese pequeño aporte de dinero, pero a cambio cuando él vea la cantidad de valor que le estamos ofreciendo; él se sienta asombrado que, por tan poca inversión, está recibiendo tanta información de valor, tanto recurso.

En esta etapa de nuestra estrategia vendiendo productos digitales vamos tal vez a ofrecer un libro electrónico que sea un producto de unas 40 ó 50 páginas con mucha información de valor. No debemos tomar tanto en cuenta la cantidad, sino la calidad del producto.

Si el conocimiento de tu sector, de tú nicho de mercado te permite ofrecer mucho valor en un par de páginas, y consideras que el cliente va a valorar ese producto como de muy buena calidad, aunque tenga poco contenido y lo puedes desarrollar sin ningún tipo de problema ya eso es un poco a criterio y también el mercado te lo vayan dictando.

Con el tiempo recibirás correos electrónicos, habrá gente felicitándote por tu producto, algunos te aconsejarán, otras te dirán algunas mejoras que puedes hacer en el producto y toda esa información que recibirás de tus clientes te servirá para ir mejorando a lo largo del tiempo. Tampoco te quedes con que ese primer producto que vas a desarrollar, será tu producto definitivo.

Una de las ideas de los productos digitales es van a costar el tiempo de desarrollarlos, no vamos a tener stock ni almacenaje, con lo cual es un producto que vamos a ir mejorando a lo largo del tiempo. En esta etapa del embudo, podemos generar algún contenido de tipo escrito si se te da bien escribir, o algún tipo de video tutorial.

Dependiendo del sector en el que te encuentres puedes utilizar alguna entrevista online, webinario; inclusive hacer alguna llamada con expertos, grabar la llamada y publicarla; esas son algunas de las ideas que puedes utilizar en esta etapa.

Por último, para el producto estrella; necesitamos que ese cliente se convierta en el evangelizador de nuestra marca, que quede enamorado de nuestro producto, de nuestro servicio y de todo lo que le hemos ido aportando a lo largo del proceso. Por eso que en este producto vamos a poner nuestro mayor esfuerzo.

Aquí te recomendaría crear una secuencia de videos, curso online de Par de semanas que incorpore varios módulos, complementándolo con guías de trabajo, material descargable, listas de recursos; es mucho lo que se puede aportar aquí y que sea de muy alta calidad con mucha información de valor, para que ese cliente VIP te siga considerando como un experto en el sector, e inclusive llegue a recomendarnos. Muchas veces cuando necesitas crear un producto y no te sientas preparado, o tal vez no sientas que tengas la información necesaria para crear ese producto.

Entonces debemos de tener en cuenta lo Siguiente: ¿En que eres un experto? ¿Cuáles son tus conocimientos? ¿En qué te has desarrollado a lo largo de los años, cuál es tu experiencia a nivel laboral? ¿En qué te has especializado? ¿Qué tipo de información con un buen control y mucha experiencia le puedes dar a la persona?
Si tienes algún tema, un nicho de mercado que se relaciona con tu experiencia y ves qué es un nicho rentable no vas a tener problemas en desarrollar contenidos para esos productos.

Si no es el caso; te tienes que preguntarte:

¿En qué te puedes convertir en experto?

¿Tienes algún hobby que no dominas bien y podrías perfeccionarlo?

EXPERTO

- **EN QUE ERES EXPERTO**
- **EN QUE TE PUEDES CONVERTIR EXPERTO**
- **EN QUE CONOCES A EXPERTOS**

61

¿Crees que es hobby tiene un espacio en el mercado online?

¿La gente compraría tu producto? Has mirado las palabras clave y realizado tu estudio.

¿Te podría ese hobby ayudar a solucionar los problemas a alguien? Si es así

¿Crees que podrías especializarte, convertirte en un experto?

El ser experto no significa que vas a hacer la eminencia en el sector.

No necesariamente tienes que ser más de lo más. Un experto es Sencillamente una persona que sabe más de lo que puede saber otra persona.

Tú puedes conseguir tu nicho de mercado, puedes crear tus seguidores, te puedes posicionar como experto en un sector; y si no te consideras experto y crees que no te puedes convertir en experto; la siguiente opción es saber si tú conoces algún experto si, sabes de alguien que tenga conocimientos amplios sobre el nicho que quieras trabajar y en este punto te convendría realizar una alianza estratégica.

Esto es un poco como las tres líneas que pudieras desarrollar para crear tu producto a nivel de calidad, a nivel de expertos.

¿Que necesitas para crear esto? Vas a necesitar algunas herramientas dependiendo del tipo de producto que vayas a utilizar en la etapa del embudo en que te encuentres. Necesitarás de una herramienta o de otras.

Los formatos para los productos digitales pueden ser *PDF*, video, audio; de los cuales ocuparemos diseño, contenidos e imágenes.

Son algunas de las herramientas que te puede servir para comenzar a desarrollar ese contenido. En el caso del libro electrónico vas a necesitar guardar o salvar el documento en formato *PDF*, esto es tan sencillo como escribir tu documento de texto en office y exportarlo a documento *PDF* y guardarlo como tal.

Lo mismo, si no dispones de la licencia de *office*, puedes utilizar la alternativa de código abierto conocida como *Open Office*, que puedes descargar e instalar y qué te va a funcionar como un editor de texto y te permitirte generar ese documento PDF.

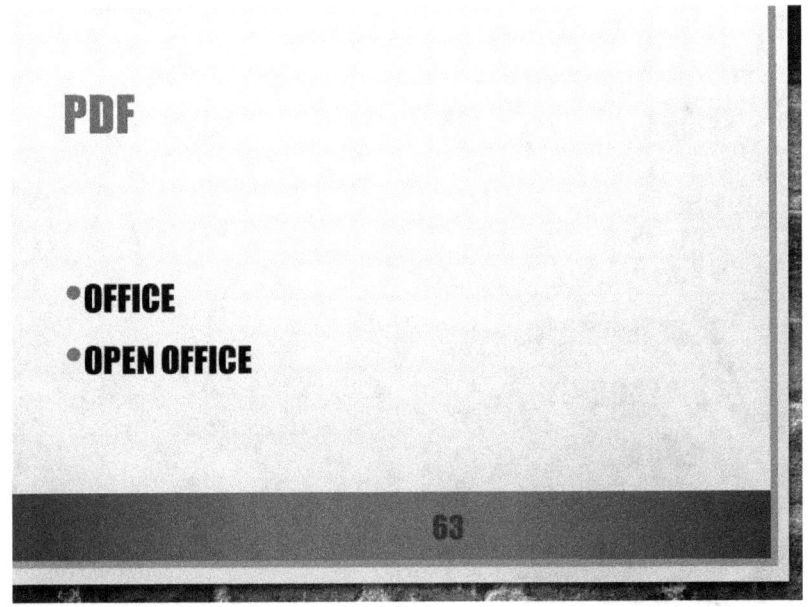

PDF

- **OFFICE**
- **OPEN OFFICE**

63

Si quieres hacer un video corto o pequeño tutorial, puedes utilizar una aplicación que se llama *Jing* totalmente gratuita y te permite capturar durante algún tiempo lo que estás haciendo en el escritorio. Tenemos también la aplicación de *Camtasia* Estudio, muy buena y bastante completa, pero de pago; entonces depende de la disposición de invertir en un software que te permite editar y producir el archivo en distintos formatos.

Está también la alternativa *Screenomatic*, que te permite grabar tu escritorio mientras estás trabajando o reproduciendo algunas diapositivas, totalmente gratuito.

El uso del *Power Point* que te permiten añadirle audio y salvarlo como formato de vídeo y mientras pasas las diapositivas puedes grabar el audio en el contenido.

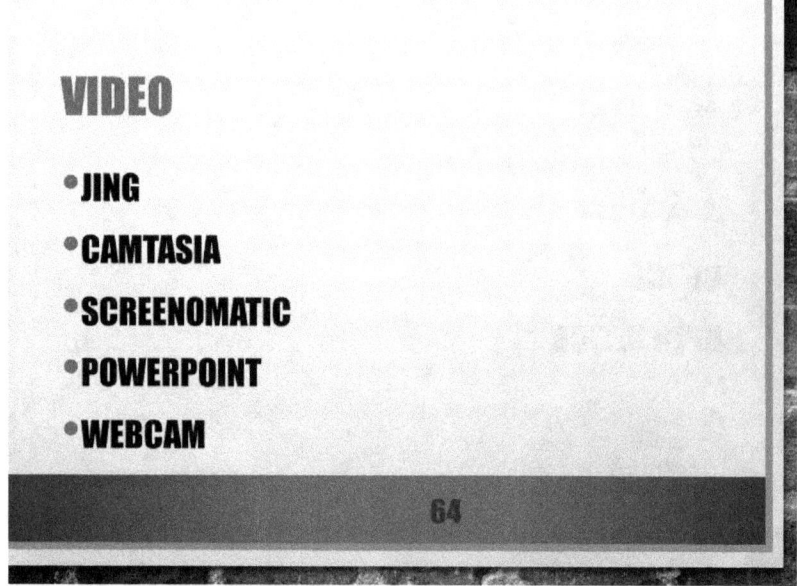

Por último, si te crees capaz de hablar directamente a la cámara, sí crees que el contenido que aportas lo haces mejor a través de la cámara, entonces con una *Webcam* de una calidad aceptable, te podría funcionar sin ningún tipo de problema. Y si tú decides grabar algún tipo de audio, lo que vas a ocupar es un micrófono.

Existen micrófonos de distintos presupuestos desde muy económicos, hasta algunos cientos de dólares que te ofrecerán mejores calidades de sonidos o alguna *Webcam* que vienen con micrófono y supresores de ruido que mejoran mucho la calidad.

Luego, otra herramienta que podrías utilizar a nivel gráfico si quieres ir un poquito más allá y darle una mejor imagen al producto; puedes utilizar software como *Photoshop* para edición fotográfica y trabajar a nivel de capas, diseñar y crear esos archivos que te van a mejorar la imagen de tu producto.

Tendríamos como recurso *PowerPoint* para crear tu producto. Tu presentación en *Power Point* la puedes salvar en formato *PDF*, le puedes añadir audio y te quedaría grabada como un vídeo.

Es una herramienta muy buena y potente si te estás iniciando y no quieres invertir mucha cantidad de dinero, dispones ya del software y es una alternativa que puedes utilizar.

Luego te dejo un recurso, es un sitio web que se llama *Canva* y te permite diseñar directamente online; trabajarías en la nube y con esto puedes hacer casi todos los diseños que necesitas para tu sitio web.

Aquí puedes diseñar la portada de tu libro electrónico, imágenes para tu artículo en el blog, los *Call-To-Action* desde esta plataforma y sólo necesitas registrarte con un correo electrónico o loguearte dando permiso a tu perfil de Facebook o YouTube. Canva.com, excelente herramienta, muy completa y muy fácil de utilizar.

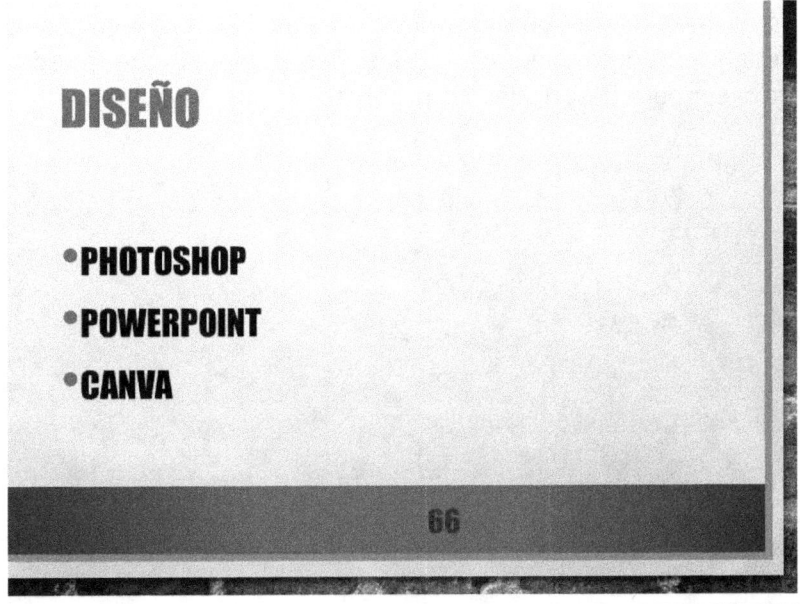

Otros recursos que vamos a ocupar a lo largo el desarrollo de nuestros productos son las imágenes. Tenemos el banco de *Pixabay*, donde puedo descargar las imágenes de forma gratuita y utilizarlas dentro de tu libro electrónico y tus artículos del *blog*, intentando darle un acabado muy profesional a nuestro producto que nos va a mejorar mucho y mantendremos el visitante por más tiempo en la sección.

Otra plataforma sería *Iconfinder*. Si necesitas hacer algún botón o icono lo puedes realizar aquí; introduces tu palabra clave de lo que necesitas y en función de eso él te va a ofrecer los resultados. Tiene sus versiones gratuitas y algunos paquetes de iconos que son de pagos, pero con las alternativas gratuitas te puede ir bastante bien.

Existen otras alternativas como es el caso de *Adobe Stock*, es un banco de imágenes pagas de muchísima calidad y bastante buenas. Dentro de la página puedes encontrar más de 50000000 de fotos, utilizando el buscador puedes buscar fotos, videos, ilustraciones, seleccionar vectores y una vez que consigues lo que buscas puedes realizar la descarga. Estás serian entonces algunas de las herramientas que puedes emplear para desarrollar tus productos.

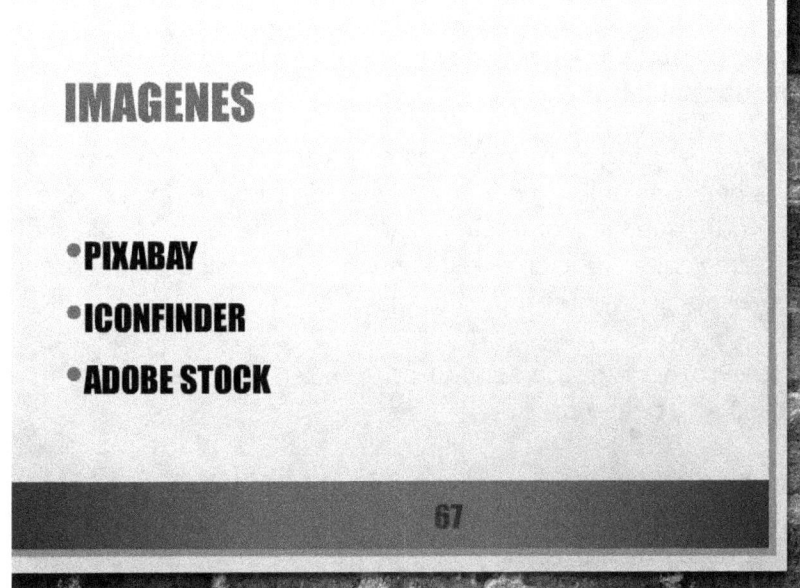

IMAGENES

- **PIXABAY**
- **ICONFINDER**
- **ADOBE STOCK**

67

Hasta ahora esto sería todo nuestro entrenamiento sobre Cómo crear tus productos digitales.

No me quedaba más que agradecerte que hayas tomado acción y decidido adquirir este curso.

Estoy bastante seguro que la información que tienes aquí te va a servir de mucho, pero lo más importante es que apliques todo lo que hayas aprendido; que tengas oportunidad de probar, de irte a adentrando en este mundo de vender productos digitales, un negocio bastante rentable y muy fácil de llevar.

Puedes acceder a los vídeos en varias oportunidades si no te quedó claro en un concepto, puedes mirar nuevamente los videos o ponerte en contacto conmigo a través de la plataforma de la escuela y con mucho gusto contestaré tu consulta y tus dudas. Así que mucho gusto, hablo para ustedes César Pietri, yo me despido y mucho éxito, sigan adelante y continúen con sus proyectos.

Caso de estudio – Como gane más de 18000$ con un producto digital

Pues ha llegado el momento de contarte un poco sobre uno de mis negocios online y que me ha servido para demostrar que el método que he comentado a lo largo de este libro es un Sistema que funciona, este negocio me sigue generando ingresos recurrentes todos los días.

Este Proyecto me ha servido para hacer distintas pruebas de Diseño, Ofertas y precios.

Así que lo primero que hice fue buscar un nicho de Mercado que no tuviese mucha competencia y un volumen de búsquedas atractivos.

A partir de este punto decidí comprar un nombre de dominio que tuviese mi palabra clave principal en el dominio, algo sencillo y corto a la vez para que fuese fácil de recordar.

A partir de aquí adquirí mi alojamiento todo esto lo contrate con la empresa Interdominios ya que ofrecen un plan ilimitado por algo más de 100€ al año y disponen de una plataforma para instalar aplicaciones en automático, con lo cual al momento de instalar mi blog en wordpress fue todo muy sencillo, luego instale los plugins más básicos por aquel entonces utilizaba el plugin "All in one SEO" que daba muy buenos resultados aunque ahora prefiero trabajar con el "SEO Yoast" de este último me gusta mucho la función que hace de semáforo y te ayuda a identificar cuando tu contenido esta optimizado para tu palabra clave ya que va cambiando de color hasta que logras tenerlo en verde, lo cual es buen indicativo de que estás haciendo las cosas de forma correcta para optimizar el contenido de tu blog.

El cuanto al diseño no quería usar plantillas gratuitas y quería tener un diseño único, pero para no tener que invertir mucho dinero ni tiempo, decidí usar una aplicación de nombre Artisteer.com http://www.artisteer.com/ que me sirvió para diseñar en pocos pasos un tema único para el blog.

Ya con esto tenia las bases de mi negocio online a partir de ese momento mi enfoque era el de escribir contenido atractivo y pensado siempre en tener un artículo por una palabra clave, de ese modo aumentaba las posibilidades de conseguir estar en los primeros resultados de Google.

Recordemos en este punto que los motores de búsqueda posicionan páginas y no sitios, es decir tu no apareces en la página de resultados solo por tu página de inicio, también posicionas los artículos del blog y el resto de páginas es por este motivo la importancia de escribir artículos pensados en palabras claves, así que mi primer paso fue sencillo, fijar las bases de mi negocio y a partir de ahí comenzar a escribir.

El siguiente paso fue crear mi imán de prospectos, para esto tampoco quería perder mucho tiempo y no tenía mucho dinero, para esto adquirí una plantilla de landing page en HTML, la cual no modifique en lo absoluto tan solo me dedique a introducir los contenidos en español y luego insertar el formulario de mi auto respondedor solicitando nombre y correo electrónico a cambio de una guía muy básica de unas 15 páginas.

Ya en esta etapa del proceso, comenzaba a recibir visitantes en el blog así que tuve que moverme rápido para crear mi secuencia de correos para enviarle a mis nuevos suscriptores, como no tenía mucho tiempo para escribir contenido para los correos, me pareció lógico el siguiente planteamiento.

"Si, mis visitantes llegan a mi imán de prospectos desde distintos artículos del blog es muy probable que no hayan leído todos mis artículos"

Así que la manera más sencilla que encontré para enviar información de valor a mis suscriptores, fue enviar en la secuencia de correos el resto de artículos de mi blog, en su mayoría no enviaba el articulo completo, tan solo enviaba un par de párrafos y dejaba un enlace al resto del artículo. De este modo aumentaba las probabilidades de que mis visitantes regresaran al blog.

En ese momento ya tenía mi blog, artículos para generar tráfico, mi oferta gratuita y empezaba a tener una base de datos de suscriptores, así que había llegado el momento de comenzar a monetizar mi negocio online, así que lo primero que hice fue buscar que información querían comprar mis futuros clientes y para no romperme la cabeza haciendo investigaciones ni estudios de mercado, lo que hice fue algo muy sencillo, "preguntarles" como ya tenía algunos suscriptores les envié un mensaje preguntándoles cuales eran sus mayores inquietudes y de sus mensajes reuní las preguntas que más se repetían.

Ya con esa información si comencé mi investigación para recaudar la mayor cantidad de datos que respondieran a sus preguntas.

Esta idea de preguntarles directamente que querían ya la había aplicado unos años antes y con muy buenos resultados, aunque en esa oportunidad ni si quiera tenía un blog, ni base de datos de suscriptores ni nada jejeje, aunque parezca de locos fue así.

En ese momento realicé mi investigación de mercado y descubrí un nicho que me llamo mucho la atención. El nicho era sobre cerveza artesanal vi que tenía una competencia media pero después de analizar a mis competidores y con los conocimientos que tenía sobre sitios web me di cuenta de que sería bastante sencillo ganarles, pero había un pequeño detalle...

No tenía ni la más mínima idea sobre la cerveza artesanal.

Así que compré un dominio y en vez de montar el blog, decidí montar una pequeña encuesta y unos campos del formulario en blanco para que las personas me escribieran su pregunta más importante sobre la cerveza artesanal, y como no tenía ningún trafico ni visitantes para mostrarle mi encuesta, lo que hice fue armar una pequeña campaña de pago por clic en Google Adwords, así que en poco tiempo comencé a recolectar preguntas sobre mi nicho de mercado y comencé a almacenar esas preguntas.

A partir de ese momento es que comencé a crear mi negocio online, tiempo después conseguí a una persona interesada en ese sector y decidí venderle el sitio web completo y con el producto digital.

Así que con lo aprendido de esa experiencia y aprovechándome de mi lista de correo, tuve la información necesaria para crear mi primer producto para ese negocio. Durante mi investigación tuve que visitar muchos sitios web, documentos, foros, documentación escrita y mucho más.

Al cabo de algunas semanas, tenía ya terminado mi guía para la venta, pero también realice un segundo documento con todas las fuentes de información y sus respectivos enlaces. De este modo tenía mi guía para la venta, pero también pude ofrecer a mis clientes un bono especial que era una guía de recursos.

Desde ese momento, monte mi página de venta muy sencilla con un botón de pago de PayPal y este redirigía al comprador a otra página donde estaba el enlace para descargar.

En esta página de descarga primero se encontraban con otro formulario de mi auto respondedor, de esta manera iba creando mi segunda lista.

Ya tenía una lista de suscriptores y esta nueva lista solo tenía los datos de contacto de clientes.

En cuanto al precio de este primer producto estuve casi un año haciendo distintas pruebas de precios 10€, 17€, 27€ hasta que después de analizar mis analíticas y mi cuenta de PayPal hice un último cambio de precio a 6,97€ por la guía y la guía de recursos, pero como ya veía que tenía varios clientes en mi nueva lista, decidí nuevamente aprovechar esta lista y enviarles algunos artículos (en este caso eran artículos escritos en exclusivas y que no se publicaban en el blog) de este modo el cliente recibía muchísima información de valor por un precio prácticamente ridículo, así que una vez compraban quedaban muy contentos.

Inclusive después de hacer este cambio, se acabaron las solicitudes de reembolso que de vez en cuando ocurrían. Así que menos preocupaciones y más automatización de mis procesos.

Después de varios meses esta lista comenzó a crecer bastante y ya el blog recibía miles de visitas al mes, en promedio unas 10.000 visitas al mes.

Y lo mejor de todo es que el dinero que recibía por la venta de la guía me servía para reinvertirlo en campañas de publicidad de pago por clic, Google adwords y Facebook Ads principalmente.

Y es en este punto que tome la decisión de crear mi producto principal.

Pero para esta etapa el nivel de calidad del producto debía ser mayor para que los clientes estuviesen dispuesto a realizar pagos por un importe mayor, esto me llevo a tomar la decisión de crear un curso en video ya que el valor percibido de un curso en video es mayor que el de un eBook.

Pero también esto me llevaría un mayor esfuerzo en la investigación, creación del material y soporte ya que el contenido sería más técnico y necesitaría la intervención de algún profesional.

Así que para estar seguro de que esto iba en serio y sería rentable decidí contactar a mi lista y ofrecerles un súper descuento si compraban en periodo de prelanzamiento.

De esta forma si veía gente interesada en comprar, estaría seguro de que si tenía posibilidades de éxito e inclusive podría recibir algo de dinero que me ayudaría a recaudar fondos para la creación del mismo.

Mi sorpresa fue bastante grata ya que en solo un par de días ya había recibido varios miles de euros para un producto que ni siquiera había creado aún.

Pero eso fue la motivación suficiente para dedicarles todo el esfuerzo en terminar un entrenamiento de buena calidad y con información de valor.

Al mes siguiente llego la fecha del lanzamiento, que por cierto fue un día de mucho estrés ya que hasta el último minuto no tenía publicado ninguno de los videos del curso y me tocaba dar de alta a todos los usuarios que habían comprado en preventa, más los nuevos usuarios y dar soporte respondiendo a las personas que querían comprar per no terminaban de decidirse.

Pero al final fue todo un éxito, durante esa semana vendí otros 5.000€ en nuevos usuarios y durante los meses siguientes seguí vendiendo hasta acumular unos 18.924€ *(la imagen de más abajo muestra el símbolo de dólar, pero en realidad el total es en euros)* aunque a fecha de hoy sigue generando ventas de forma automática.

Aquí quiero hacer un paréntesis y hacer un par de comentarios.

US$18,924.14

Lo primero es recordar que, al ser un producto digital, el costo del mismo solo va a ser al inicio cuando lo creemos, pero este esfuerzo se ve recompensado ya que lo podemos vender múltiples veces sin que nos genere un gasto adicional, ¿porque quiero que tengas presente esto? Pues porque no quiero que te bloquees y cierres en banda al momento de bajar el precio.

Este pequeño detalle que te voy a comentar me ayudo a llegar a los 18.000€ sin mucho esfuerzo.

Este detalle es el uso de ofertas, si yo veía que las ventas se estancaban por alguna razón yo sencillamente preparaba una oferta especial por un par de días, de este modo se beneficiaban las personas que lo compraban a precio reducido y yo impulsaba las ventas aumentando mis ganancias y liquidez de efectivo.

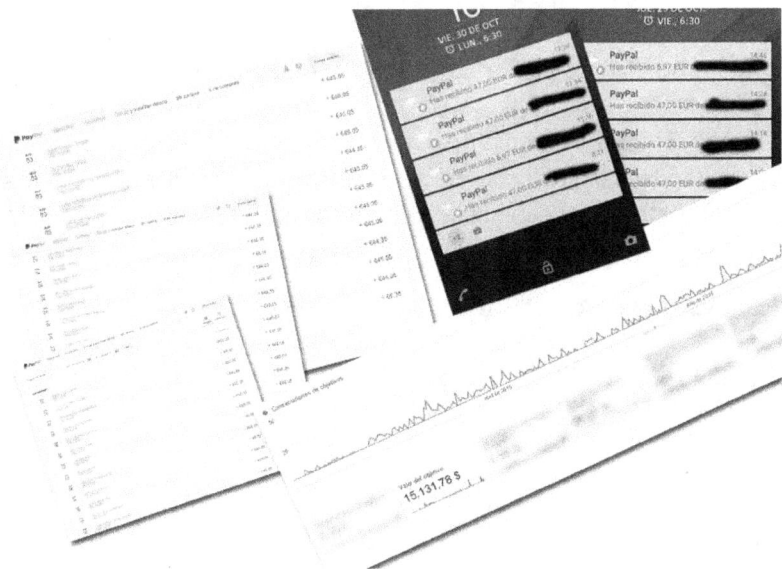

Si veía que el mes llevaba pocas ventas, inmediatamente pasaba un correo a mi lista dejándoles saber que podían aprovechara la oferta por uno o dos días, o las primeras 5 personas, etc.

Otra idea interesante y que también me funciono muy bien era las ofertas de temporada.

Para esto hacia algo tan sencillo como hacer una copia exacta de la web de venta del curso y la adaptaba un poco cambiando algunas imágenes y el color de fondo de la web.

De este modo hice ofertas de temporada como

- Navidad

- Halloween

- Verano

Y todas con muy buenos resultados.

Todo esto me ayudo a tener una nueva lista de clientes a los que llamo clientes VIP, ellos pasaron de ser visitantes del blog a suscriptores, luego pasaron a ser clientes y ahora son mi cliente principal, ese cliente que ya te conoce y está dispuesto a comprar todo lo que le ofreces porque ya te conoce y sabes que el material que entregas es de calidad.

Recursos recomendados

Temas para el blog

http://www.artisteer.com/ ahora es Themler
http://themeforest.net/
https://wordpress.org/themes/

Plugins

https://wordpress.org/plugins/
http://codecanyon.net/

FTP

https://filezilla-project.org/

Landingpages – Paginas de aterrizaje

https://www.leadpages.net/
http://unbounce.com/

Pasarelas de pago

https://www.paypal.com/es/
http://www.clickbank.com/

Autorespondedores

http://aweber.com/
http://www.getresponse.es/
http://mailchimp.com/

Dominios

https://es.godaddy.com/
www.interdominios.com

Alojamiento

www.interdominios.com
http://www.hostgator.com/
https://www.bluehost.com/
https://www.namecheap.com/

Blog

https://wordpress.org/

Diseño

https://www.canva.com/
http://www.photoshop.com/

Imágenes

https://stock.adobe.com/es/
https://pixabay.com
https://www.iconfinder.com/

Texto y PDF

https://www.openoffice.org/es/
https://products.office.com/es-es/home

Captura de video

https://www.techsmith.com/jing.html
https://www.techsmith.com/camtasia.html

Bono de regalo

Cesar Pietri
□□ □ Online Business #Mentor
Sé que puedo ayudarte. Solicita una sesión estratégica gratuita para ver cómo.
□Descúbrelo Aquí□

bit.ly/sesionconcesar

Conclusión

Ahora sí que nos acercamos al final de este libro y espero que hayas disfrutado de la información compartida en él, de este contenido me gustaría que te quedaras como mínimo con una visión general de como diseñar un negocio online vendiendo productos digitales del mismo modo que lo hice yo anteriormente y genere 5 cifras y actualmente sigue generando ganancias de forma recurrente y en piloto automático.

Recuerda hacer un buen análisis al principio de tu proyecto para definir bien quien va ser tu cliente ideal, para eso tienes que tener una Buena base desde el comienzo, recuerda que vas a necesitar como mínimo tu nombre de dominio, alojamiento y la instalación del blog para comenzar a escribir artículos que poco a poco se irán posicionando en los motores de búsqueda y comenzaran a generar tráfico.

Una vez que comiences a recibir visitantes vas a tener que crear compromisos para ir filtrando y eliminando a los curiosos para quedarte con las personas que verdaderamente están interesadas en lo que tienes que decir, aquí aplicamos el soborno ético.

Luego el siguiente compromiso con una venta de un producto de un pequeño valor para separar a las personas que están dispuestas a comprar tus productos y de ese modo romper el muro y generar una excelente experiencia al usuario ofreciendo mucho valor y Calidad en relación al pequeño precio que ha pagado.

En esta etapa ya vamos a tener una lista de contactos dentro de nuestra base de datos con clientes, y es en este punto donde vamos a generar la mayor cantidad de ingresos con nuestro producto Estrella.

No pases por alto la implantación del "Maximizador de ganancias" ya que este te va a ayudar a acelerar tu negocio y obtener ganancias de forma acelerada.

Contáctame

Me gustaría conocer tus comentarios y recomendaciones y estaría muy agradecido de ver tu valoración en Amazon para este libro.

Pero si tienes alguna pregunta o necesitas saber algo más sobre lo que comparto en este libro, te invito a que me escribes con tu consulta

Puedes escribir a mi correo personal:

contacto@cesarpietri.com

También puedes seguirme en las redes sociales:

https://www.instagram.com/cesarpietrionline/

http://es.linkedin.com/in/cesarpietri

http://twitter.com/cpietri

https://www.facebook.com/pietricesar

¡Pero si todavía quieres ir más allá y crees que yo podría ayudarte a conseguir tus objetivos, te invito a que solicites una sesión estratégica de control gratuita, donde evaluare tu situación actual y la de tu negocio para ver qué puedo hacer por ti para llevarte al siguiente nivel!

Solicita tu sesión estratégica gratuita siguiendo este enlace:

https://www.cesarpietri.com/sesion-estrategica-solicitud/

Glosario de Términos

Above the fold. Es el término derivado de los medios que se utiliza para indicar si un anuncio publicitario se muestra en una web desde un principio sin la necesidad de desplazarse, es decir, es la parte de la página visible en el primer impacto sin la necesidad de hacer scroll.

ActiveX. Es el lenguaje de programación desarrollado por Microsoft, que permite que las aplicaciones, los clientes y sus gráficos puedan ser vistos en un navegador web.

Ad Blocker o Protector publicitario. Es el software en el navegador de un usuario que impide que se muestren los anuncios en pantalla.

Ad Exchange. Es el espacio virtual donde se contrata e intercambia publicidad entre los editores y los compradores por medio de un sistema de gestión automatizada.

Ad Insertions o Inserción de un anuncio. Es una metodología de contabilización en la inserción de la imagen del anuncio por medio de tags o archivos que la contienen, antes de que sea lanzada al navegador del usuario, por el software del servidor de publicidad de uso interno.

Ad Sense. Es un sistema de publicidad contextual online propiedad de Google. Así como lo es también es Ad Server y Ad Tracking, Donde se emplea un seguimiento de campañas de diferentes servidores de publicidad.

AIDA. Es el modelo explicativo donde se ven los efectos de la comunicación, la atención, el interés, el deseo y la acción a emprendida.

Alcance. Es la audiencia acumulada representada numéricamente, refiriéndose al número de usuarios que se expusieron ante un anuncio durante un período de tiempo determinado.

Amenaza. Son aquellos aspectos negativos que en el entorno ejercen determinadas posibles fuerzas en contra de la aplicación de una estrategia determinada.
Análisis competitivo. Es el estudio del entorno competitivo tales como los proveedores, los productos, la rivalidad, los clientes y los competidores, todo mediante un análisis DAFO.

Análisis conjunto o Conjoint Analysis. Es el método usado en la investigación de mercado, estudiando las preferencias de los consumidores sobre las características de los productos.

Análisis DAFO o SWOT Analysis. Es el análisis de 4 variables que son Oportunidades, amenazas, fortalezas y debilidades.

Análisis de grupos o Clúster Analysis. Es un método estadístico que permite la determinación de los grupos homogéneos y distintos entre sí.

Análisis de impacto cruzado o Cross-impact Analysis. Es el análisis comprendido para realizar las predicciones sobre el entorno, identificando una serie de tendencias claves en el sector. Además, se analiza qué efecto tendría un cambio sobre el resto de los elementos del modelo.

Análisis de impacto cruzado. Es el método que se usa para realizar predicciones sobre el entorno, identificando una serie de tendencias tales como claves en el sector y cambio sobre el resto de los elementos.

Análisis de la demanda o Demand Analysis. Es el análisis de la demanda de un producto para conocer qué motiva la demanda y encontrar métodos que la incentiven.

Análisis de demanda. Es el estudio de demanda de un producto conociendo qué motiva la demanda actual y encontrar nuevos métodos que la incentiven.

Análisis de la publicidad o Advertising Research. Método a través del cual una empresa examina la publicidad que se realizó, se está realizando o se va a realizar.

Análisis de situación. Es el estudio del mercado actual y sus adyacencias tales como los competidores, los clientes, el entorno, la empresa, entre otros.

Análisis del riesgo. Es la estimación de los riesgos que conlleva adoptar determinadas estrategias de marketing y situación del mercado, donde se estima la rentabilidad.

Análisis del valor del producto. Es el análisis del valor cumpliendo función a las posibilidades de la reducción de costos al proceso de fabricación de los productos con el fin de fabricarse de forma más económica posible.

Análisis interno. Es el análisis de los recursos y capacidades de la empresa.

Analista de datos. Es el análisis de los datos que continuamente se obtienen de los clientes. Estos resultados hacen ver qué partes del programa están funcionando y cuáles no.

Arquitectura de marcas. Es el método que establece las jerarquías, se ordena y se relaciona las marcas pertenecientes a una misma organización.

ASP o Active Server Page Página activa del servidor. Es un tipo de página HTML o identificada por un nombre de archivo. Asp que incluye scripts que son pequeños programas que se procesan en un servidor web antes que al navegador web del usuario.

Ataque de guerrillas. Esta estrategia es utilizada por pequeñas organizaciones que intentan arrebatar al líder pequeñas partes de su mercado. El ataque se concentra en las partes del mercado en las que el líder no se preocupa recuperar.

Ataque envolvente. Es un ataque frontal de la compañía oponente.

Atributos de marca. Son los adjetivos descriptivos utilizados por los clientes vinculados con una marca.

Atributos. Son las características demográficas, socioeconómicas o psicográficas de un individuo o de una organización o empresa.

Audiencia publicitaria. Es el número de usuarios únicos expuestos a un anuncio durante un determinado período de tiempo.

Auditoría de marketing. Es el análisis completo y sistemático de manera periódica sobre rendimiento de las actividades de marketing de una empresa.

Auditoria de marketing. Es el análisis sistemático independiente y periódico procedido al entorno de los objetivos, las estrategias y las principales variables del marketing en una empresa con el fin de detectar las áreas de oportunidades para desarrollar mejorías en el desarrollo del programa.

B2A (Business to administration): Son las relaciones normales de los negocios de las empresas hacia las administraciones solamente del sector público.

B2B (Business to business): Son las transacciones económicas o las relaciones efectuadas entre empresas es decir de empresa a empresa.

B2C (Business to consumer): Sigla utilizada para la expresión Empresa a Cliente y es utiliza cuando se desea mencionar una estrategia propia de una empresa para llegar a sus clientes o consumidores.

B2E (Business to employees): Son las relaciones establecidas entre las empresas y sus empleados. También se puede definir como un comercio desde la empresa hacia los empleados. Donde se produce una venta a través del website corporativo, o desde una intranet de acceso restringido hacia sus empleados o trabajadores.

B2N (business to nobody): Son los negocios que no consiguen construir o no llegan a ningún mercado; es decir, no llegan a nadie o no funcionan, puede nombrarse a negocios quebrados o fracasados.

Banner: Es un formato o rótulo gráfico publicitario en internet, su forma es rectangular y puede ser fijo o animado, con o sin sonido, estos banners son incluidos en las páginas web en modo tipo anuncio como forma de publicidad, su objetivo es atraer tráfico hacia el sitio web anunciante, por medio de un clic sobre un banner, inmediatamente re direcciona al visitante hacia el sitio web del anunciante.

Banner extensible: Es un formato o rótulo gráfico publicitario en internet, su forma es rectangular y puede ser fijo o animado, con o sin sonido, su tamaño es mucho mayor que el banner tradicional, cumpliendo con el objetivo de ofrecer mayor información, promoción y oferta. Estos banners extensibles son incluidos en las páginas web en modo tipo anuncio como forma de publicidad, su objetivo es atraer tráfico hacia el sitio web anunciante, por medio de un clic sobre un banner, inmediatamente re direcciona al visitante hacia el sitio web del anunciante.

Banner microsite: Es un formato o rótulo gráfico publicitario en internet, su forma es rectangular y puede ser fijo o animado, con o sin sonido, estos banners microsites son incluidos en las páginas web en modo tipo anuncio como forma de publicidad, su objetivo es atraer tráfico hacia el sitio web anunciante, por medio de un clic sobre un banner, inmediatamente aparece una ventana nueva o un microsite.

Bartering: Es el intercambio de servicios, productos o publicidad dentro de internet.

Benchmarking: Es un recurso de marketing que compara las estrategias, los productos o los resultados entre varias empresas competidoras o de aquellas que evidencian que entren en la competencia con las mejores prácticas o tácticas de ventas online.

Blog: Es una bitácora o sitio web que incluye consecutiva o diariamente, cierta información personal de su autor o autores, formado por contenidos de su interés y actualizados con frecuencia o a menudo para captar la atención de sus lectores.

Blogroll: Es un listado de bitácoras virtuales que aparece en algunas plantillas del blog, donde figuran otros diarios digitales que son afines con la temática o que son del gusto del autor o autores.

Botones: Son también banners, pero son de tamaños mucho más reducidos. Pueden aparecer estáticos o dinámicos, en secciones o en páginas de inicio, se pueden seleccionar con el ratón y suelen colocarse en un lateral de la página web.

Branding: Es un conjunto de acciones que generan la imagen, la credibilidad y la reputación empresarial, dirigidas a la proyección de cierta imagen positiva ante y para la sociedad. El branding resalta conocimiento, cultura y gestión de una marca, que se convierte en el eje esencial de la estrategia empresarial.

Bricks: Es una expresión en el marketing digital que define a todas las empresas físicas, cuyo objetivo de negocio es de manera offline o sin internet y se usa para compararlas con las que trabajan en internet.

Briefing: Es un proceso de recopilación de información de un anunciante por parte de la agencia creativa y medios, para la posterior elaboración de una propuesta publicitaria concreta que las satisfaga.

Browser: Es el navegador o programa utilizado para visualizar las páginas web o web sites.

Bulk mail: Es el envío masivo de correos electrónicos para un fin o algún propósito.

Buscadores: Son las herramientas de búsqueda de la internet que permiten, mediante palabras o combinaciones de palabras (frases o palabras claves), encontrar información, contenido o archivos alojados en las webs sites o páginas web.

Business: Es u documento de plan de negocio o más bien carnet de identidad dueño del negocio online, esta credencial el emprendedor y debe ser presentada ante cualquier inversor o inversores. Un buen plan de negocio debe recoger la idea principal de la empresa, tales como previsiones de ingresos y rentabilidad futura, es decir el plan de acción por el que se espera lograr ambos.

Business to community: Es una fusión de B2B y B2C en un solo contexto, donde ya no se procesan datos sino información, involucrando el marketing proactivo y relaciones interactivas con clientes y proveedores.

Buy wizard: Es un asistente de ayuda para la compra en internet.

Buyer persona o Target: es el mediador o conocedor de las conductas sociales, las conductas demográficas y las conductas psicológicas de manera explícita y detallada del cliente potencial de una empresa, producto y/o marca.

Buzz marketing: Es un método de marketing de bajo costo y en otras ocasiones es de costo nulo, el cual consiste en hacer que una persona o grupo de personas le digan a otra persona u otro grupo de personas todo acerca de los productos y servicios de una compañía. Está basado en las experiencias con productos específicos que otros les hayan relatado.

Call to Action (CTA)

También llamado llamada a la acción es un botón o enlace situado en nuestro site que cumple la función de buscar y atraer clientes potenciales y para convertirlos en clientes finales, por lo general es a través de un formulario web.

Cookies

Son archivos de texto que se almacenan en el directorio del navegador del ordenador o en las subcarpetas de datos de programa.

CTR

Es la cantidad de clics que recibe un anuncio la cual se divide por las cantidades de veces que se muestra ese anuncio y que se expresa con valor de porcentajes.

Deep Link o Enlace profundo

Se refiere a la colocación de enlaces que apunten directamente a una página o a un elemento específico que no sea la portada del sitio web. Desde el punto de vista del HTML, no hay diferencia entre un link y un Deep link.

Embudo de conversión

También conocido como funnel, es un término de Marketing Online que trata de definir los distintos pasos que tiene que dar un usuario con la finalidad de cumplir un objetivo dentro de la web.

Front-end

Son todas aquellas tecnologías que se ve del lado del cliente en su navegador web, generalizándose más que nada en tres lenguajes, HTML, CSS Y JavaScript.

FTP

File Transfer Protocolo o Protocolo de Transferencia de Archivos, como su nombre lo indica es un protocolo de internet para la transferencia de archivos entre sistemas conectados a la red del cliente y el servidor.

Hipervínculo
Es un enlace de acceso que sirve para apuntar a una página, un fichero, una imagen, entre otros. Para navegar al destino al que apunta superficialmente el enlace, solo hay que hacer clic sobre él.

Inbound Marketing
Es la utilización de herramientas implementadas en tu página web para atraer de manera asertiva a clientes potenciales, alguna de estas herramientas puede ser un blog que sirva de interés para que las personas se registren en tus redes sociales, videos, podcasts, entre otros.

Keyword
Conocido también como palabra clave, es una palabra o conjunto de palabras específicas que se introduce en el motor de búsqueda dando como resultado una lista de sitios web con relación a la keyword o palabra clave que estamos buscando. Los anunciantes utilizan las keywords o palabras claves con el propósito de relacionar su anuncio publicitario con la búsqueda del usuario siempre y cuando tengan relación, es una técnica de posicionamiento orgánico que optimiza una web para que aparezca entre los resultados de los distintos buscadores.

KPIs (Key Performance Indicators)
Traducido al español significa Indicadores Clave de Desempeño nos ayudan a medir el rendimiento del progreso en función de objetivos hacia actividades dentro de nuestra empresa.

Landing page

En internet es cualquier página a la que un visitante llega y observa como página principal o home. Pero en marketing digital es una página a la que se llega después de haber hecho clic a un anuncio o a un link y su función es hacer que los visitantes realicen la compra de un producto, contratación de un servicio, entre otros.

Lead

Es una persona que ha facilitado sus datos de contacto por medio de un formulario en una landing page.

Opt-in

Es la aceptación explícita a participar. Se utiliza en los programas de mercadeo y ofertas como el uso de información personal más allá del propósito original para el cual fue obtenida.

Pasarela de pago

Es el servicio de un proveedor de aplicación de comercio online o negocios electrónicos.

Pixel de control o de seguimiento.

Es una imagen invisible, por lo general es un GIF transparente, donde una agencia o un anunciante puede medir la repercusión de una campaña publicitaria.

Pop-up

Son anuncios en ventanas emergentes con contenidos publicitarios que se muestran en nueva ventana del navegador, estos no tienen un tamaño obligatorio o límite para sus anuncios en ventanas emergentes.

PPC

Pago Por Clic es una estrategia de publicidad en internet en el cual se paga por publicar anuncios a la web que los presenta mediante una tarifa en el número de clics sobre él.

ROI (Return of investment)
Se convierte en la relación entre la inversión de marketing y sus beneficios, ya sean en las ventas directas o en la obtención de nuevos clientes.

RSS (Really Simple Syndication)
Sirve para recibir en tu ordenador o página web online cierta información actualizada sobre las páginas web favoritas, para poder recibir las noticias RSS se debe tener disponible el servicio RSS y su respectivo lector RSS.

SEM (Search Engine Marketing)
Son campañas de anuncios y cualquier acción de Marketing dentro de los buscadores, sea de pago o no.

SEO (Search Engine Optimization)
Es la práctica de utilizar técnicas incluida la reescritura del código HTML, la navegación en el site, campañas de enlaces, entre otros, con el fin de mejorar el posicionamiento en los distintos buscadores para unos términos de búsqueda concretas.

SERP
Sus siglas Search Engine Result Page en inglés y en español es Página de Resultados de Búsqueda. Es la web que se ve después de realizar cierta búsqueda, cuanto más se optimiza una web, más probabilidad se tendrá de posicionar mejor en los buscadores.

Spam (Correo basura)
Son los mensajes no solicitados, no deseados o con remitente no conocido correo anónimo, por lo general está clasificado como tipo publicitario y son enviados en grandes cantidades como correos masivos que perjudican de alguna al receptor.

Spider

O en español "araña" en marketing bot de la web, es un programa que inspecciona las webs del World Wide Web de forma automatizada, consiste en crear una copia de todas las páginas web visitadas para su procesado en un motor de búsqueda que indexa las páginas

Squeeze page

Es un tipo de landing page o página de aterrizaje enfocada en capturar datos de los usuarios, siendo el e-mail el requisito mínimo y necesario.

Tasa de conversión

Se calcula dividiendo el número de conversiones entre el número de visitas por medio de una descarga, una petición de presupuesto, un registro, mediante un formulario, una compra de producto, u otros. Para medir las conversiones es definiendo objetivos en Google Analytics. Una vez configurado se podrá aumentar la tasa de conversión por medio del tráfico y conseguir un mayor número de clientes.

Test A-B

Es una prueba que sirve para optimizar la estrategia de email marketing o mejorar la efectividad de una landing page y desarrolla versiones de un mismo elemento para medir cuál funciona mejor.

XML

XML, siglas en inglés de Extensible Markup Language y en español Lenguaje de marcas Extensible y como su nombre lo indica es un lenguaje desarrollado por el World Wide Web Consortium (W3C) utilizado para almacenar datos en forma legible.